わたしの旅ブックス
020

# しりとりっぷ！

吉田友和

産業編集センター

しりとりっぷ！
目次

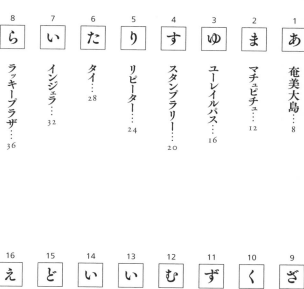

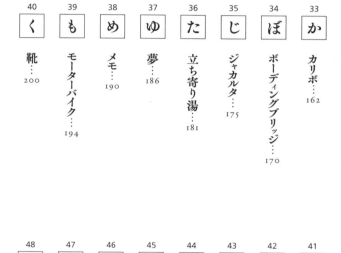

イラスト——水谷さるころ
写　真——吉田友和

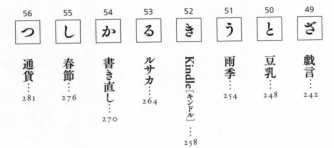

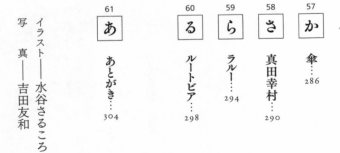

ここから、
しりとり旅エッセイが始まります。
まずは「あ」からスタート。
ゆっくり、のんびりとお楽しみください。
（吉田友和）

1

# あ 奄美大島

「雨」にするつもりだったが、これを書いているのはそろそろ梅雨も明けそうな7月上旬である。もう少しスカッとしたテーマの方がよいだろうと思い直した。「アメリカ」も広く一般受けしそうだが、僕が書くと悪口ばかりになりそうなので却下した。

しりとりである。「あ」から始めるのが気分だろう。最初の言葉を何にしようかと思案していたちょうどその頃、たまたま奄美大島を旅する機会があった。

奄美大島、あまみおおしま……あ、から始まるではないか！　我ながら単純な思考で気恥ずかしい。でも、これも何かの縁だろうと、記念すべき一番最初のキーワードとすることにしたのだ。

軽く説明しておくと、本書ではしりとり形式にて旅にまつわるキーワードをピックアップし、ゆるゆるとエッセイを綴っていく。小難しいことは抜きにして、その時々の気分と勢いで進めていければと思う。

さて奄美大島の話だが、まずは魅力から書くと自然の豊かな島である。我が家では毎年夏になると日本の離島をちょくちょく旅する。そのせいでつい比較の目で見てしまうのだが、これまで訪れた多くの離島と比べても図抜けて自然味あふれる島だと感じた。

リゾート気分に浸れる青すぎる海が広がる一方で、地形はずいぶんと山がちだ。標高の最も高いところで700メートル近くもある。山に分け入ると、手つかずの原生林が続いている。遠い昔に中国大陸と地続きだった亜熱帯の島ならではの動植物は、本州では見られない珍しいものばかりで好奇心がビンビン刺激された。

アップダウンの激しい山道をレンタカーで走っていると、不思議な絵柄の交通標識が現れる。動物注意のそれに描かれているのは、なんとウサギである。島には絶滅危惧種に指定されているクロウサギが生息している。普通のウサギより耳が小さく短足なクロウサギが気になったが、夜行性のため簡単にはお目にかかれない。日が暮れてから山を散策するには、ハブの危険などもあるという。

ハブと言えば、思い出すのは沖縄だ。地図で見ると、奄美諸島からは鹿児島本土よりも沖縄本島の方が近い。個人的に沖縄はそれなりに馴染み深いのだが、奄美へ来たのは初めてだった。椰子の木やソテツが生い茂った景色は南国そのもので、沖縄を旅しているような錯覚もする。大和と琉球の二つの文化が混じり合い、独自の発達を遂げた島なのだろうか。離島へ行くとその異文化度合いに目を見張りがちだが、奄美のそれはとりわけ旅人に強烈な印象を与えるのだった。

たとえば興味深いのが食文化。島らっきょうや島豆腐をつまみつつ、メインは豚肉が出てくる。そう聞くとまさに沖縄料理のようだが、味付けはアッサリしており調理法も和食という感じだ。絶品なのが「塩豚《しおぶた》」で、僕が訪れた店では、おでんのような装いでジャガイモなどと一緒に出てきた。沖縄料理で言うところのラフテーのような存在感を放つ料理だが、明らかに別物なのが興味深い。

そんなつまみ類を囲みつつ、島の人たちが好んで飲むのは——泡盛ではない。黒糖焼酎である。サトウキビを原料とするこのお酒は、日本国内で奄美だけが製造を許可されている。まさに特産品と言えよう。ロックではなく水割りでちょびちょび飲むのが流儀だと聞いて、真似してちょびちょびやってみたのだが、変なクセもなくスッキリとした口当たりで、むしろピッチが早くなってしまった。

そうこうしているうちに、三味線の生演奏が始まったりして、奏でられるポロロンという音色にまったりウットリする。沖縄では三線《さんしん》と呼ぶが、奄美では三味線と本州同様の言い方をするのだそうだ。島唄の耳慣れない言葉に重ねて異国情緒を覚える夜が尊いものに思えてくる。

沖縄へ行くと、「アジアだなあ」という感想を抱く人は少なくないだろう。雑然とした街並みや、ゆるりとした空気に触れ、僕もタイあたりと重ね合わせて見てしまうことがよくある。その意味でも、奄美はもう少し日本的である。市街地へ出ると、昔ながらの商店や飲み屋が軒を連ね、どこか昭和っぽいいいなたさが漂う。

それでいて、典型的な日本の地方都市とも一味違う。島の規模の割には意外なことにマクドナルドはないし、ユニクロもない。八百屋を覗くと瓜やパッションフルーツなどが地べたに積まれていたりもする。知っているようで知らない光景。日本にもまだまだ面白いところはたくさんあるのだなあと痛感させられたのだった。

# マチュピチュ

前回が奄美大島だったので、いきなりドドンと遠くへ飛ぶ。マチュピチュ——インカ帝国の失われた空中都市。言わずと知れた世界遺産の代名詞的存在である。

場所は南米ペルー。日本からは地球のほぼ裏側に位置し、なかなか行けないだけに憧れが募る。僕が訪れたのは、いまから約10年前に夫婦でバックパックを背負って世界一周したときのことだった。インカ帝国のかつての首都クスコから列車とバスを乗り継ぎ到着したマチュピチュは、苦労して訪れた甲斐のある遺跡と言えた。入場口からてくてく歩いていくと、ほどなくして視界がパッと開ける。眼下に望める全景は、写真や映像で散々見ていたおなじみのものだが、やはり実物をこの目にするのは大きな感慨が伴う。

立派な石垣が残る棚田跡や、インティワタナと呼ばれる日時計といった主要見学スポットを巡っていると、可愛らしい動物たちと目が合う。アンデスに生息するリャマやアルパカたちだ。ゆらゆら揺れるように佇むさまはどこか地球外生物を彷彿させる。バックには遺跡と、それを抱くようにして聳《そび》えるワイナピチュという名の急峻な山が存在感を誇示する。頂上から遺跡が見下ろせるとあって、ワイナピチュ登山はマチュピチュへやってくる観光客にとって定番のアクティビティになっている。

「よくあんなのに登るよなあ」と尊敬の念を抱きつつ、力強い登山者たちを横目に僕は草地にごろんとしながらリラックス。猫をあやすような声でリャマに話しかけ、写真を撮ったりしてのんびり戯れる。

紛れもなくあの旅のハイライトだった。世界一周では計45カ国を回った。各地で気まぐれに遺跡見学もしてきたが、マチュピチュを越えるものには結局出合わなかった。遺跡というジャンルに限定するなら、これまでで最も良かったスポットだと断言してもいい。

ここ最近、「世界遺産」という四文字キーワードをやたらと目にする。元々人気のあるテーマだが、ブームがさらに過熱しているようにも見える。

世界遺産——言葉の響きからして確かにいい。数ある観光地の中でもお墨付きのスポットと聞けば、旅先選びの際に優先順位が高くなるのも自然の成り行きと言える。

過去には僕自身、世界遺産だというだけで見に行ったスポットは少なからずある。だからあまり偉そうなことは言えないのだが、あえて書くなら最近は昔ほど興味がない。いや、まったくないと言ってもいいかもしれない。

「次は世界遺産をテーマに本を書きませんか?」

などと知り合いの編集者に言われたりもする。キャッチーで売れそうだが、いまいち気乗りしない。世界遺産の魅力について語り明かすトークイベントにゲスト出演したときには、「がっかり遺産と勝手に遺産」などというひねくれたタイトルで喋って顰蹙《ひんしゅく》を買ったこともある。

興味を失ったのは、世界遺産といってもピンキリだと知ってしまったからだ。全部が全部、マチュピチュのように感動を味わえるわけではない。期待して行ってみたら、うーん……という微妙な感想を抱いたところも正直かなり多いのだ。まあ、僕の見る目がないのだと反論されたら返す言葉はないのだが。

一方で、別に世界遺産になど登録されていないのに素晴らしいところは山ほどある。

マチュピチュと言えばやはりこのアングルか。
撮影場所がみんな同じだから同じ写真になる

えっこれが世界遺産じゃないんだ⁉　という驚きがむしろ付いて回る。世界遺産とは、あくまでもユネスコという一機関の判断で登録の是非が決められている事実は忘れてはならない。ミャンマーや台湾に世界遺産が一つもないのはなぜだろうか。想像し、つい色々と邪推してしまう。擦れた旅人なのかもしれない。

マチュピチュのことを書いているうちに、話が変な方向へ進んでしまった。水を差すつもりはないし、少なくともマチュピチュのせいではない。

# ユーレイルパス

今年も鉄道旅行の季節がやってきた。毎年夏になると、僕は青春18きっぷの旅に出かける。言わずと知れた乗り放題切符は、青春なんて遠い過去の記憶になりつつある旅人にとっても福音をもたらす。

旅好きには鉄道好きが少なくないと思う。どちらかと言えば鉄道の車両に惹かれるというより、鉄道に乗って旅することに喜びを見出すタイプの鉄道好きである。「乗り鉄」という言葉も市民権を得るようになった。あまり自覚はないものの、強いて分類するなら僕自身もまさに乗り鉄の一人と言えそうだ。

少し前にヨーロッパへ鉄道旅行をしに出かけたのは、乗り鉄意欲がエスカレートした結果だったのかもしれない。パリからスタートし、フランスやイタリア、ドイツ、オランダなど計10カ国を陸路で巡った。その模様は『ヨーロッパ鉄道旅ってクセになる！』（幻冬舎文庫）という本にまとまった。

旅行者の間では有名な「ユーレイルパス」をフル活用した旅だった。定められた日数内なら、加盟国の鉄道が乗り放題になる切符。いわば、欧州版青春18きっぷである。

この手の乗り放題切符は、料金的なメリットばかりが語られがちだ。確かに安い。今回購入した8日間のパスは、一等座席のもので574ドルだった（ドル建てなのはアメリカのサイトから買ったため。日本より安かった）。当時のレートだと1日あたり約6000円。そんな金額で国際列車や、国によっては特急まで乗り放題になるのだから、コストパフォーマンスの高さは侮れない。

けれど、僕にとっては値段以上に魅力的な利点もあった。それは、自由であることだ。ルール内ならば、いつ、どこで乗り降りしてもいいのだ。切符を買うのにその都度並ばずに済むし、予約時間に縛られることもない。思いつきと、その時々の気分で柔軟に旅を組み立てていけるのは気楽でいい。

さて、今日はどこへ行こうかな。

朝目覚めたときに、その日の目的地が決まっていないのはゼイタクだ。僕のようなわがままな旅人には、うってつけの切符と言えようか。

あてどのない旅をしていると、予期せぬ出合いも訪れる。山岳鉄道でスイスを北上していたときのことだった。そろそろ今晩の宿泊先を決めようかと、僕は車内で路線図と睨めっこしていた。スイスは初めてで土地勘はない。最初はチューリッヒやジュネーブといったメジャー都市を目指そうかと思ったのだが、地図上に躍る無数の見知らぬ土地の名前の中に気になった街があった。少し迷ったが、スマホでホテルを検索すると空室が出てきたので、思い切って行ってみることにした。

「クール」という名のその街は、ほとんど名前だけで選んだ宿泊先だった。「クール・イズ・クール！」などとしょうもないダジャレを頭の中でつぶやきながらの訪問だった。にもかかわらず、その欧州鉄道旅行の中でもとりわけ濃い印象を残すことになる。一言で言えば、いい街だったのだ。

到着して駅の案内所で街の地図をもらおうとしたら、訊いてもいないのに親切にホテルまでの道順を教えてくれた。言われた通り石畳の道に歩を進めると、中世ヨーロッパにタイムスリップしたような、古びた三角屋根の家々が現れた。フランスのような重厚さとも、イタリアのようなあっけらかんとした感じとも少し違う、童話世界のようなメルヘンな街並み。アルプスの雪山に抱かれた、古都の風情を漂わせる情景に旅心が浮き立った。

クールという名とは裏腹に、地元の人たちが気さくで妙にほんわかしているのも好印象だった。レストランでは、満席なのに融通を利かせて席を作ってくれるという一幕もあった。出発の日には、後ろ髪を引かれる思いさえ抱くに至ったほどだ。飛行機の旅ならまず来なかったであろう街である。こういう出合いがあるから旅はやめられない。

世界の航空網は発達し、ＬＣＣのような格安の手段も充実してきたことで、鉄道は積極的には選ばれにくい現状がある。単に移動として考えると、空路の方が安いし効率的だ。けれど、陸路の旅だからこそ得られる旅の手応えも捨てがたいものがあるのだ。さて、今年の青春18きっぷ旅行はどこへ行こうかな。

# スタンプラリー

ちょうどいい具合に、前回のキーワード「ユーレイルパス」から繋げられそうな話題と言える。ヨーロッパを鉄道で巡ったと書いたが、その旅で印象的な出来事があった。旅の後半、ベルギーへ辿り着いたときのことだ。その後のルートをどうするかで少し頭を悩ませた。最終的にアイルランドを目指していた僕は、ユーロスターでドーバー海峡を渡り、イギリスを目指すつもりだった。ところがここで、ベルギーに隣接するルクセンブルクが気になり始めたのだ。人口わずか50万人強の小さな国。フランスやドイツといった大国に挟まれながらも、れっきとした独立国として存在する。

旅をしていると、ついつい欲深くなる。ルクセンブルクへは、僕が持っていたユーレイルパスで訪れることができた。正直に言って、予備知識はほぼゼロに近い。まるでイメージが湧かないけれど、追加料金なしで行けるなら……という皮算用が頭をよぎる。なかなか行く機会のなさそうな国が手の届く距離にある事実に、判断を迷わせられたのだった。

結論としては、ルクセンブルクへは行かなかった。寄り道するとイギリスの滞在時間が減ってしまうので、潔くあきらめることにしたのだ。イギリスは過去にも何度か来ているが、僕には未訪問のルクセンブルクよりもイギリスのほうが魅力的だった。

行ったことのない国へ行く——そんな思考で旅先を選ぶのは不自然ではない。訪問済みの国は選択肢から除外し、毎回違う国を目指すような旅人は実際少なくないだろう。しかしどちらかと言えば、僕はあまりこだわらないタイプだ。

小学生の頃の、確か夏休みだったと記憶している。東京都内の地下鉄駅を巡る、スタンプラリーに参加したことがあった。明確な目標と共に何かを制覇する行動は、子ども心にも大きな達成感をもたらす。いまでも覚えているのは、楽しかった思い出だからだろう。ちなみにこのスタンプラリー、現在も夏の風物詩として続いているらしい。社会科見学も兼ねられる一石二鳥の素敵な試みだ。

訪問国数を増やすことを目的としながら旅する行為は、形は違えどスタンプラリーの一種にも思える。パスポートのページが埋まっていくことに幸福を覚えるような感覚なのかもしれない。ページが埋まるのは、必ずしもいいことばかりではない。増補するにはお金がかかるし、国によっては入国審査で怪しまれるきっかけにもなる。

「これまで旅したのは何ヵ国ですか？」

よく受ける質問の一つだ。旅を始めた最初の頃こそ数えていたが、いまは自分でも把握していない。数字は目に見える形で表れるとはいえ、行った国の多さが何かの勲章になるはずもない。何ヵ国訪れたかなんて、気にしてもさして意味はない気がするのだ。行きたくもない場所へ無理に行く必要はないとも思う。

旅先を選ぶ基準なんて人それぞれだから、別に殊更異を唱えるつもりはない。けれど少なくとも僕は、スタンプラリー的な旅にはそれほど魅力を感じないのだ。そのときに自分が一番行きたいところへ行く。それでいいではないか。そして気に入ったのなら、同じ国を何度も訪れたっていい。いわゆるリピーター……あっ、またしても上手くしりとりでキーワードが繋がった。続きは次回に。

欧州の小国ではリヒテンシュタインは意外とおもしろかった。
切手マニアに人気なのだとか

# リピーター

スタンプラリー的な旅にはそれほど魅力を感じないと前回書いた。今回の話は、その続きになる。特定の渡航先へ繰り返し訪れるような旅。いわゆるリピーターというやつである。スタンプラリーとは対局のスタイルと言えるだろうか。

たとえば、僕の周りにもいるのがハワイ好きな人たち。日本人にとって定番のリゾート先である同地は、リピート率のとくに高い渡航先の一つらしい。ハワイばかり訪れる、というより、ハワイにしか行かないという強者も珍しくないと聞く。僕自身は友人の結婚式に参列する目的で訪れたきりだが、何度も行くからにはきっとハマる要素があるのだろう。

さすがにそこしか行かないというレベルではないものの、僕にもお気に入りの土地はあって、どこかというとタイである。

バンコクで日本を往復するチケットを購入し、行ったり来たりする日々を送ってきた。リピーター的な旅は、見知らぬ土地を旅するのとはまるで別物だ。ガイドブックなんて見ないし、地図もほぼ不要。バンコク市内を走るＢＴＳ（モノレールのような乗り物で主要な交通手段）の路線図は頭の中に入っていて、ワンタッチで改札を出入りできるＳｕｉｃａのようなチャージ式カードも財布に入っている。いまさら観光らしき観光はほとんどない。ぶらぶら歩いていて、「ああ、こんなところに新しいコンビニができたんだなあ」などと目を見張るような旅。地元を出歩く感覚にも似ている。もはや海外旅行ですらないのでは？　という声には反論できない。

近頃はヨーロッパの旅行記なども書いているが、自分のホームはあくまでもアジアだと自覚している。日本から近く、物価が安くて、季候もいいというスペック面を足繁く通う理由に結びつけがちだが、それらだけでは語れない、もっと本質的な魅力がアジア、とくにタイには詰まっていると思う。

リピーター、た、タイ……なんと、またしてもしりとりで繋がった！　というわけで、タイについては次回たっぷり書くとして、本来のキーワードをもう少し掘り下げてみたい。

リピーターというテーマは、「一番は何か？」という問いにも近しいものがあると常々感じていた。何度も行くということは、すなわち自分にとって最高の場所と言っていいだろう。少なくとも、ほかと比較してとりわけ居心地が良いところのはずだ。あちこち行ったけど、一番好きなのはどこか、という話に通ずるものがある気がするのだ。

これは壮大なテーマだと思う。ある意味、旅人は「一番」を見つけるために旅をしている部分は否めない。どこかを旅して感動を得て、それに飽き足らず再びまた旅へ繰り出す。ここよりも、もっといいところがあるのではないか、そんな好奇心が旅の原動力になっている。スタンプラリー派にとっても無縁ではないだろう。行ったことのない場所を積極的に選ぶことで、結果、色んなところへ足を運ぶことになる。訪問国数が自然と増えていく中で、リピーターとなり得るお気に入りの旅先も見つかるかもしれない。

僕自身、現時点ではタイがマイナンバーワンだが、未来永劫ずっとそうなのかは定かではない。旅を止めない限り、「一番」は将来的に更新される可能性があるからだ。だからこそ、旅はキリがないし、おもしろい。もっといい場所を、「一番」を超える素敵スポットを追い求め、旅はいつまでも続いていく。

タイに着いたらまずはガパオライスとシンハービールで
乾杯するのが我が恒例行事なのだ

## 6 た タイ

この国に関しては書きたいことが山ほどあるのに、いざ書き始めようとすると一向に筆が進まない。タイである。現時点では、一番のお気に入りだと前項で紹介した。

初めての海外旅行は世界一周だった。その世界一周で、一番最初に訪れたのがタイだった。以来、訪問回数は数え切れないほどで、バンコクをテーマに本を書いたり、ガイドブックを編集したこともある。

タイの何が旅人を惹きつけるのだろうか。物価が安く、食事が美味しくて、気候がいい。海あり、山あり、遺跡あり、シティライフありと全方位的に旅行者を狙い撃ちできるだけの観光資源を持ち、遊ぶところは尽きない。英語の通用度は比較的高く、ホテルや交通手段、通信インフラなども整っている。ある程度の快適さが保証されつつも、適度に異国情緒や刺激も味わえる旅先。こうしてタイの魅力を列挙してみると、いいことづくめに思えてくる。

一方で、遊びではなく、仕事で訪れると、タイのまた違った一面が垣間見られる。たとえば飲食店の取材へ行くとする。日本人的律儀さを発揮して、10分前、遅くても5分前にはお店へ到着すると、約束していた担当者が不在で拍子抜けさせられる。次のアポもあるので携帯に電話をかけてみると、「あれっ、今日でしたっけ？」とすっとぼけた声が返ってきたのには絶句させられた。

そこまでいい加減ではなくとも、遅刻などはまったく珍しいことではない。最初のうちこそ戸惑ったが、慣れるとだんだん気にならなくなってくるのは不思議だ。というより、自分自身もすっかりタイ人化して、シビアに時計を見なくなってしまう。

バンコクは渋滞のひどい街で、タクシーに乗っていてクルマが全然前へ進まなくなることがある。このままでは約束の時間に間に合わない……とアセアセしそうになるところだが、「まあ、そのうち着くでしょう」とドーンと構えた方が得策だったりするのだ。いまのところ、遅刻して大きな問題になったことは一度もない。自分の不真面目さを正当化するつもりはないのだが、タイにいるとつい気がゆるんでしまうのは事実だ。

何度も行っているせいか、時には痛い目にも遭う。バンコクの空港が反政府デモに占拠され、乗る予定だった飛行機が飛ばないというアクシデントに遭遇したことがある。空港閉鎖は思いのほか長引き、一週間近く足止めを食らってしまった。その週の日本での仕事をすべてキャンセルする羽目に陥ったのは痛恨の出来事だったが、すぐに「まあ、そのうち再開するでしょう」と諦めの境地に達した。我ながら、タイのゆるい空気に感化され過ぎているなあと苦笑する。いまだから書くと、大好きなバンコクにいられることを密かに喜んだのも正直なところである。

マイペンライという言葉がある。大丈夫、気にするな、なんとかなるさ、といった意味の有名なタイ語の一つだ。この一言が、タイ人の楽天的な気質を見事に表しているという意見には僕は同意する。結局のところ、これこそがタイの最大の魅力なのかもしれない。日本で忙しい社会に揉まれ、人付き合いや面倒なしがらみに疲れた中でタイを訪れると、心に張り詰めていたものが霧散していく。言うなれば、リハビリの地である。そういう場所が一ヵ所でもあるのはやはり心強い。

初めて泊まった海外の宿もバンコクだった。
安宿街カオサンもずいぶんと様変わりした

6 た

タイ［たい］

7 い

# インジェラ

エチオピア航空の機内でこれを書いている。首都アジスアベバを発ち、フランクフルトへ向かって北上している。シートモニタの表示によると、現在地はちょうど国境を越えてスーダンへ入ったあたりだ。

エチオピアへ来たのはこれで2度目。前回の訪問からかれこれ10年以上も月日が経ってしまった。アフリカ大陸では初めて訪れた国であるせいか、とりわけ思い入れの深い国でもある。

以前の旅を回想しながらアジスアベバの街を歩き回った。さすがに10年も経てば様変わりしているかというと、意外にもそんなこともなかった。相変わらず人や車の往来は激しく、埃っぽくごみごみしている。アフリカ最大の市場と噂されるマルカートへ足を踏み入れると、あのインドをも上回るレベルのカオスぶりに目が回りそうになった。

「確かこの角を曲がったところに宿があったような……」

記憶を紐解いていくと、その通りに宿が見つかった。泊まる気なんてないのに興味本位で料金を尋ねてみると、一泊200ブルだという。当時のメモを見ると70ブルと書いてあるから、ずいぶんと値上がりしている。

エチオピア航空のオフィスも健在だった。ピアッサと呼ばれる街の中心部の、ど真ん中に位置する背の高い建物はひときわ存在感を放つ。あの頃はまだネット予約なんて便利な代物はなく、数少ない座席を確保するために毎日のように通い詰めたものだ。

そんな建物のやや色褪せた看板の隅っこに、スターアライアンスの輝くようなロゴが追加されているのは、ささやかながら意味のある変化だろう。アライアンスへの加盟のニュースを知ったとき、失礼ながら僕は心底驚いた。あのエチオピア航空がねえ……。飛行機に乗っていて南京虫に刺されたのも今となっては昔話らしい。そのエチオピア航空に乗っている。機材はなんと最新のB787というから恐れ入る。

エチオピアと言えば、旅仲間と旅談義に花を咲かせていて、よく話題に上る定番のネタがある。インジェラである。話題といっても、あいにくいい意味ではない。

「いろいろチャレンジしたけど、あれだけはダメだった」

そんなニュアンスで語られがちな料理。世界のローカルフードの中で、手強い食べ物の代表格として君臨している。正直に告白すると、僕自身も苦手だった。

インジェラはエチオピアで最もポピュラーな料理の一つだ。ふわふわとしたクレープ状のビジュアルは食欲をそそるものの、いざ口に入れてみると見た目と味のギャップに戸惑う。一言で言えば、酸っぱいのだ。それも、かなり。原材料はテフという名の穀物で、粉状にひいて2、3日かけて発酵させたうえで焼く。酸味があってこそのインジェラなのである。

インジェラは、ワットという肉や魚を煮込んだシチューと一緒に食べるのだが、これまたとびきり辛かったりして個性的な味わいなのが追い打ちをかける。辛さの正体はバルバリという香辛料で、エチオピア料理には欠かせない存在というが、タイ料理などの唐辛子による辛さとは違って少々クセがある。

せっかくエチオピアまで来たのだからと、10年以上の時を経て、再びインジェラにチャ

エチオピア名物のインジェラ。
見た目はクレープみたいで美味しそうなのだけれど……

レンジしてみた。すると、どうだろう。案外イケるではないか。独特の酸っぱさがそれほど気にならない。完食には至らなかったが、少なくとも以前のようにまったく受け付けないというほどではなかった。旅を重ねる中で味覚もタフになってきたのだろうか。同じ土地を繰り返し訪れると、旅の記憶は更新されていく。

そうこうするうちに、機内食のワゴンが回ってきた。現在はエジプト上空を飛んでいるようだ。チキンかフィッシュかと問われ、フィッシュを注文する。ここでインジェラが出てきたら話がうまくまとまりそうだが、あいにく付け合わせはピラフだった。

# ラッキープラザ

シンガポールへ行ってきた。仕事の出張だったのだが、最終日に少しだけ自由な時間が取れ、どこへ行こうか頭を悩ませた。ぶらぶら歩いているうちに、なんとなく辿り着いたのがオーチャードだった。通りに沿って巨大なデパートがずらり立ち並ぶ、シンガポールの目抜き通り。日本で言えば、銀座のようなところだ。

買い物目的であれば、ここへ来れば大抵のものは手に入る。日本にはまだ未上陸のものを含め、世界中のあらゆるブランドが揃っているのは魅力だ。戦利品の紙袋をごっそり手にぶら下げている買い物客で通りは埋め尽くされている。華やかにディスプレイされたショーウィンドウを眺めながら、あまりの買い物天国ぶりに僕は目を瞬かせたのだった。オーチャード周辺の再開発は一段落し、新しい商業施設が揃ってきた。ほんの5年前と比べても、明らかに景色が変わった感じがする。都会らしいスタイリッシュなものから、東京では見られない奇抜なデザインまで、ユニークな建物が多く、冷やかして歩くだけでもなかなか楽しい。

そんな未来都市のような景観の中で、変わらないビルがある。その名も「ラッキープラザ」。名前からして垢抜けていない。好意的に解釈するなら、親しみやすい名前と言えるが……。ウィンドーショッピングにも飽きた僕は、気が付いたらこのビルに足を踏み入れていた。

中へ入ると景色が一変する。ここもショッピングセンターの一つだが、高級店は存在しない。テナントとして入っているのは、個人商店のような小さな店舗ばかり。有名チェーンとしてはマクドナルドや、ジョルダーノという香港のファストファッションなども入っているが、それらはこの国ではどちらかと言えば庶民的な薫りが漂う。喩《たと》えるなら、タイやベトナムといった東南アジアのほかの国々の市場のような雑然とした雰囲気なのだ。知らないで迷い込んだなら、「えっ、ここがシンガポール?」ときっと驚く。

実はこのビルは、単なるショッピングセンターではない。看板には英語や中国語に混じって、見慣れない文字が並ぶ。すれ違う人たちの会話からも、聞き慣れない言葉が耳に入ってくる。タガログ語である。

シンガポールには、いわゆる出稼ぎの外国人も数多く暮らしている。中でも一大勢力と言えるのがフィリピン人で、メイドとして雇われるのが定番のパターンだという。ラッキープラザはそんな彼女たち（彼ら）が集まるビルなのだ。いわばフィリピン人街である。

エスカレーターを上がっていくと、いくつかの店舗に長い行列ができていた。液晶画面に「1SGD = PHP34.40」という表示が出ている。シンガポールドルとフィリピンペソの、この日の両替レートのようだった。「Money Transfer」という文字も目についた。なるほど、送金業者の店舗なのである。稼いだお金をここから故郷の家族へ送るのだろうか。

小さな旅行会社の店舗には、ＬＣＣの広告が並んでいた。ジェットスター航空やセブパシフィック航空など。いずれもフィリピンへの便を飛ばしている。上層階の奥の方まで行くと、フィリピン料理のレストラン（というか食堂）やフィリピンパブなど、ラインナップがどんどんディープになっていく。

ちなみにマーライオンをモチーフにしたＴシャツやキーホルダーといった、いかにも土

シンガポールらしからぬスポット？
ラッキープラザという名前もなんだかいい

産物という感じの商品を並べる店もある。お里帰りするフィリピン人向けなのか、市内のほかの土産物屋よりも値段が安い気がした。地下にはスマホやタブレット、デジカメといった最新ガジェットを売る店が入っているのも個人的には気になった。

万人にオススメはできないものの、シンガポールの違った一面に触れられるという意味では、ラッキープラザは貴重な存在だろう。近隣デパートのシャネルやヴィトンの輝くようなロゴを横目に、つい吸い込まれるようにしてラッキープラザへ足を向けてしまう。僕のような旅人には、ハイソな旅は似合わないようだ。

## ザック

背負うべきか、否か――。カバンの話である。

現在30代の僕のような世代だと、どちらかと言えば「リュック」や「バックパック」という言い方の方がしっくりくるのだが、旅人の中には「ザック」と呼ぶ人も珍しくない。リュックやザックはドイツ語、バックパックは英語から来ているという。いずれにしろ、モノ自体は同じものだろう。背中に背負うタイプの旅行カバンである。

個人旅行者、とりわけ長旅をする者たちの間では、背負うのが当然という風潮は少なからずある気がする。なにせ、バックパッカーというぐらいだ。しかし、かといってザック（バックパック）を背負わない旅人はバックパッカーではないのかというと、そんなこともないと思うのだ。

別にスーツケースだっていい。そういえば以前にボストンバッグで旅している人にも会った。他の旅行者からは「ボストンパッカー」などと揶揄気味に呼ばれていたが、思考停止して背負うタイプにしか目がいかないよりはむしろ個性的で好感が持てる。

背負うタイプの利点としてよく語られるのが、両手が空くことだろうか。バスや列車を乗り継ぎ、徒歩で宿探しをするような典型的なバックパック旅行においては、少しでも動きやすいスタイルが求められるから、両手が空くかどうかは大きいという意見には確かに納得がいく。けれど一方で、それ以外のメリットが僕には見出せないのも事実で、むしろ逆にデメリットの方が多いとさえ感じている。

荷物の量にもよるだろうが、背負うということはその重量が自分の体にすべてのしかかってくることを意味する。10キロ以上もあるような大荷物を背負ったまま、南国の炎天下を歩き回ったりするのだ。

ハッキリ言って、しんどい。

あまりハードな移動ばかりが続くと、移動すること自体が億劫になって沈没（＝一つの街に長く居座ること）してしまう原因にもなる。別に苦行がしたくて旅に出ているわけではないのだ。僕のようなひ弱な旅人は、簡単に音を上げてしまうのである。

誤解されたくないのは、別に背負う派を否定したいわけではないということ。かくいう僕自身も、最初の長旅（世界一周）の際にはとびきり大きなやつを背負って旅していた。それこそあまり深いことは考えず、「バックパッカーだし……」と、ほとんどイメージだけで選んだのが真相だ。けれど実際に旅を重ねていく中で、背負うタイプでなくとも実は問題はないことに気が付いてしまった。ガラガラ転がすタイプの方がはるかに楽なのだ。最近は、移動の多い旅ならソフトキャリー、一ヵ所滞在型なら普通のスーツケースを持っていく。タイヤが付いているカバンに一度慣れてしまうと、背負う派には戻れない。

ガラガラ転がすタイプにもデメリットはある。背負っているときのように、自由自在にあちこち行ったり来たりはしにくい。カバン自体がそれなりに重いので、荷台への上げ下ろしでは骨が折れる。悪路が立ちはだかると途端に取り回しが大変になる。

以前に真冬の北欧に行ったときのエピソードが印象深い。空港から市内までのバスで日本人の若い女性グループと一緒だった。彼女たちが抱えていたのは普通のスーツケース。ところが、雪国である。バスを降りてからホテルまでの道中はほとんど除雪されていない

こういう感じのソフトキャリーをいくつか持っていて、
旅の内容によって使い分けている

雪道で、こうなるとガラガラ転がすどころではなくなってしまう。重たいスーツケースを手提げで運ばなければならないのは見るからに辛そうだった。

カバンにも種類はあれど、結局は一長一短なのだろう。旅慣れた人ほどカバンはいくつも持っている。旅先や目的に応じてその都度使い分けるのが理想的な気がする。どんなカバンで旅するかは人それぞれ考えがある。少なくとも、バックパッカーだからといって盲目的に背負うタイプに固執する必要はないだろう。

# クルーズ

初めてのクルーズ体験はカリブ海だった。フロリダから出港し、ハイチ、ジャマイカ、メキシコを周遊する一週間の船旅。乗ったのは、「オアシス・オブ・ザ・シーズ」という、とてつもなく巨大な客船だった。総重量約22万5000トン、乗客定員数5400人は、客船としては世界最大級を誇る。内部は端から端まで歩いただけで息が切れるほどの広さで、セントラルパークという名の公園まであった。まるで一つの街が海上を大移動しているようなスケールの大きさに圧倒された。

その船の中で目にした光景は、僕が想像していたものとはいささか異なっていた。いたって普通の中流家庭といった雰囲気のアメリカのファミリーがプールサイドで寛いでいた。Tシャツ、短パン姿で闊歩《かっぽ》する大学生らしき若者の一団も目についた。場違いなほどに着飾っているのは一部の日本人乗客ぐらい。

一言で言えば非常にカジュアルな感じで、肩すかしを食らった気分になったのが正直なところだ。クルーズと言っても幅広く、案外気軽な旅のスタイルであることを知った。

そもそも、料金からして別に贅沢すぎるレベルのものではない。大海原を眼下に望めるバルコニー付きの部屋で、999ドルだった（1ドル＝80円当時だったので約8万円）。バルコニーなしや窓なしになると、さらに安く済む。

アメリカの物価からすれば7泊分の宿泊料金だけとしても十分に妥当だが、加えて食事付きである。朝食や昼食はビュッフェスタイルで好きなときに好きなだけ食べられるし、夕食はコースディナーで優雅な気分に浸れる。

そして船内で催される各種ショー。アメリカの船らしく、ブロードウェイのミュージカルなども観られるのだが、それらはすべて無料。クルーズでは常識らしいが、初心者としてはこんなので元が取れるのだろうかと余計な心配までしてしまう。

どこにも寄港しない移動日でも、船内では一日中何らかのイベントが行われており、それらを見て回ろうとすると結構忙しい。暇すぎて時間を持て余すのではないかという当初の懸念は杞憂に終わった。

何より、移動手段を兼ねる点が魅力的だった。波に揺られながら眠りにつく。朝、目が覚めたときには次の街に着いている感覚は、夜行列車や寝台バスのようだが、当然ながら快適さは比較にならない。カリブ海の国々は空路で巡ると航空券代が高くつくし、島国間の移動はやっかいだ。クルーズの恩恵をとくに大きく受けられる地域と言えるかもしれない。

近年、日本へも欧米のカジュアルなクルーズ船が数多く就航するようになってきた。驚くような格安料金のクルーズの広告を、テレビＣＭなどで目にした人もいるだろう。日本でクルーズというと、一泊数万円もする高級客船や、何ヵ月もかけて世界一周するような船のイメージが根強い。偏見も多分に入り交じっているのだろう。少なくとも、クルーズ＝豪華客船と一概に語ることはできない。

クルーズ船の寄港は莫大な経済効果を伴う。２０２０年の五輪開催に向けて、東京では新たな客船ターミナルの建設が進んでいる。現在の晴海客船ターミナルでは対応できない大型客船も入れるものを目指すというから、僕が乗ったオアシス・オブ・ザ・シーズが我

あまりにも巨大なオアシス・オブ・ザ・シーズ。
まるで町が海上を移動しているかのよう

が国へ寄港する可能性も出てきたのは楽しみだ。

クルーズなんて自分とは一生縁のない、遠い世界の話だろうなあと、いままでは興味さえ抱かなかった。どうせ高嶺の花だろうと勝手に思い込んでいたのだ。

ところが、いざ体験してみると、そんなに大それたものではなかったし、これはこれで一つの旅のスタイルだと感じた。何事もイメージだけで決めつけるのは良くないということか。

# ず

# ズーム

いよいよ出発の日が近づいてきて、真っ先に準備するのは撮影機材である。スーツケースやパスポートよりもまずはカメラをチェックする。バッテリーを充電機にセットし、メモリーカードを確認する。防湿庫から愛用のレンズたちを取り出し、「さて、今回はどれを持っていこうかな」と思案するのは至福の時間だ。

ここ最近のレギュラー的存在になっているのは2本。17ミリの単焦点と、12〜50ミリの標準ズームだ。マイクロフォーサーズなので、35ミリフィルムに換算すると焦点距離は2倍。それぞれ34ミリ、24〜100ミリとなる。カメラに興味のない人には意味が分からないかもしれないが、イメージを具体化するためにあえて記載してみた。

この2本に加え、行き先や目的によってその都度何本かのレンズを追加する。どちらかと言えば、広角寄りの方が旅では使いやすい。以前は一眼レフを持って行ったが、ミラーレス一眼の軽量さに慣れてしまったいまは、もう戻る気がしない。画質や使い勝手の面で若干劣るものの、僕の用途ではミラーレス一眼でも十分満足のいくレベルだ。やはり、旅の荷物はコンパクトな方がいい。

編集者として同行した海外取材旅行の際に、カメラマンがこんなことを言っていた。

「やっぱりズームは邪道ですね。きちんと撮るなら単焦点じゃなきゃ……」

彼が持っていたのは中判のフィルムカメラ。デジタルも使うが、それは仕事上必要に迫れて仕方なく、ということらしい。プロの目からすれば、ズームで撮ったのか否かは写真を見れば簡単に判別できるという。なるほど、なるほどと頷きつつ、「でもズームも便利だしなあ」と内心密かに思っていた。

とくに旅行中はズームレンズがその真価を発揮する。シャッターチャンスがいつ訪れるか分からず、咄嗟《とっさ》の判断が迫られるからだ。被写体に合わせていちいちレンズを交換していたら、撮り逃してしまう。砂漠や、そうでなくても未舗装の悪路などでは、砂や埃が舞っていてレンズ交換が憚《はばか》られるシチュエーションもあるだろう。なるべく単焦点で撮りたいとは思うものの、旅行写真は割り切りも必要な気がする。

我が家ではよく夫婦で旅に出かける。うちの奥さんも写真が大好きだが、彼女の場合には写真を撮る行為自体が目的化している。撮った写真を後で見返したりはあまりしないし、機材にもほとんどこだわりはなさそうに見える。

それよりも彼女が気にするのは、いかに思い通りに構図が決められて、いかに滞りなく、気持ちよくシャッターを押せるか。ゆえに、単焦点なんてストレスがたまるだけのようだ。カメラのレンズマウントが同じなので、たまに僕がレンズを貸し与えたりするのだが、使いづらいのかすぐに返却してくる。

先日インドへ行ったときのことだ。ムンバイ一の観光名所、インド門は観光客でごった返していた。僕のような外国人の姿もちらほら目にするが、大多数を占めるのはインド人観光客のようだった。インドも経済成長を遂げ、国内旅行をする人たちが増えたのかもしれない。

彼らの行動は見ていて微笑ましい。ファミリーが多く、10人を超えるような大所帯でやってきたかと思えば、途端に記念撮影大会が始まる。威風堂々と聳《そび》え立つインド門をバックに、代わる代わるシャッターを押していく。高そうな一眼レフを抱えた人も珍しくないが、付いているレンズはほぼ漏れなくズームだ。携帯やスマホのカメラで熱心に撮影に励んでいる人も数多い。きっと、楽しく撮れればそれでいいのだ。

写真が好きだ。旅のついで、ではなく、写真を撮るために旅をしているようなところもある。旅先を選定する際に、ついフォトジェニックな場所を優先してしまう傾向があるのもそんな理由からだ。

とはいえ、単なる趣味にすぎない。撮ってきた写真を結果的に仕事で使う機会も近頃は増えてきたが、あくまでも旅行中は好きで撮っている。趣味なのだから、細かいことは考えず、自分が使いやすい機材で、撮りたいように撮ればいい。

11 ず

ズーム［ずーむ］

12 む

# ムンバイ

インドの話はいざというときに取っておこうと思っていたが、前項の流れをくむなら今回が適切な気がした。ムンバイへ行ってきたと書いた。通算四度目の渡印だ。

ムンバイ、言わずと知れたインドを代表する都市の一つである。旅行者にとっては、デリーと並びこの国の玄関口となる街だ。飛行機が発着するチャトラパティ・シバージー国際空港の3桁の空港コードは「ＢＯＭ」。かつてこの地はボンベイと呼ばれていた。

インドでは忌々しい体験が数知れないが、ムンバイにはとりわけ手痛い思い出がある。あれは初めてのインド、新婚旅行と称して出かけた世界一周で立ち寄ったときのことだ。

入院してしまったのだ。突如として激しい悪寒に襲われ、40度近くもの熱が出た。同行の奥さんにタクシーに乗せられ、救急病棟に到着したときには、「これで旅も終わりかな……」と観念したものだ。結局5日間をベッドの上で過ごし、無事退院したのだが、大きなトラウマになったのは言うまでもない。

5日間の朝昼晩、三食の病院食すべてがカレーだったのにも辟易《へきえき》させられた。お医者さんが診察書に書いた英語の病名を辞書で調べたら、急性胃腸炎だと分かった。カレーは身体にいいんだとお医者さんは力説したが、胃腸に難アリの患者にとってスパイシーなマサラ味は受け付けられるはずもなく……。ムンバイを出発する飛行機の機内で、「もう二度とインドなんて来るものかっ！」と悪態をついたのが昨日のことのように思い出される。

ところが、である。人生どう転ぶか分からない。繰り返しになるが、今回で四度目の渡印となった。あの入院の一件の後も、懲りずに三回もこの国へ足を運んでいるのだ。我ながらマゾ気質があるのではないかと苦笑する。

前回、三度目の旅の途中で知り合った旅人からこんなことを言われた。

「そんなに酷い目に遭ったのに、よくまた来ようという気になりますね。よっぽど好きなんでしょうね」

返す言葉が見つからず、僕は苦し紛れにこう答えたのだった。

「ええまあ……。インドは広いので、見るところがまだまだたくさんありますし」

それはある意味事実ではある。広大なこの国をくまなく見尽くそうとしたら、6ヵ月というビザの有効期間内では到底無理なほど。それが物差しになるとは思わないが、参考までに書くと世界遺産の数だけで30近くもある。アジアでは中国に次いで2番目の多さだ。

とはいえ、「見るところが……」というのは詭弁にすぎない。別にそれほど熱心に観光したいわけでもないからだ。では、なぜ再訪するのか。そもそも、インドの何がこうも旅人を惹きつけるのか。

わからない。考えても考えても悪口しか思い浮かばない。

嫌よ嫌よも好きのうち、なのだろうか。理由こそ言葉にできないものの、「そろそろインドでも行ってこようかな」という衝動にある日突如として襲われるのは確かだった。周期的なもののようでいて、規則性はない。そうして気が付いたら、この地に足を運んでいる自分がいる。まさにインド・マジック。

一つ言えるのは、この国を旅するうえでは優等生的な観光意欲なんてなくても問題ないということ。インド風に表現するなら、ノープロブレムである。目的なく街を歩いているだけでも、驚くような出来事が次々起こる。静かに物思いに耽りたいと思っても、放って置いてくれない。そこにいるだけで必ず何かイベントが発生するのは、喩えるならＲＰＧのようでもある。

要するに、飽きない国なのだろう。そしてどうやら僕自身、そういうのをむしろ期待して訪れているらしいと、四度目の訪問となった今回やっと自覚したのだった。

ムンバイは都会である。たとえばバラナシやアグラのような観光地と比べれば、インド成分も薄目なのではないかと侮っていた。油断大敵とはこのことだ。

到着した空港の時点で早くもその洗礼が待っていた。とりあえずインドルピーを確保しようと、両替所に向かった。５０００円札を一枚差し出すと、窓口の若い男は顔しかめてこう言い放った。

「えっ、５０００円！　たったのそれだけ？　もっと替えた方がいいよ」

……余計なお世話である。いくら両替しようと客の勝手ではないか。僕が毅然とした態度で臨むと、男は態度を硬化させた。５０００円しか替えないなら手数料を取ると言われたので、僕は踵《きびす》を返したのだった。

「ウェイト！　フレーンド！　ウェーイト！」

男が必死に呼び止めようとする声を無視してスタスタ歩きながらも、実は内心でほくそ笑む自分がいた。

「インドへやってきたなあ」

ふつふつと実感が湧いてきたのだ。これこれ、こういうのを期待して来たんだよね、という手応えである。やはりマゾなのだろうか。

なかば予想していたが、インドの話をし始めると収拾がつかなくなる。長くなってしまったので、続きは次回にします。都合のいいことに次は「い」だし……。

ムンバイのマリーン・ドライブにて。
インドにいるとついつい人の写真を撮ってしまう

ここのところ、新しい仕事の依頼が妙に立て続いている。しがない売文業者にとってはありがたいお話であるが、別に突如として人気者化したわけではなく、ただ単に年の瀬だからだと思う。会う人会う人、皆おもしろいように同じ台詞を口にするのだ。

「年内には企画を固めましょう」

編集者にもノルマがある。課題を来年に持ち越したくない気持ちは想像がつく。請け負う側からしても、未来の展望を少しでも明るいものにしたいのは同じで、「やりましょう！」「がんばります！」などと、酒の席の会話のような軽いノリで約束を交わすのだった（実際、飲んでいたりもするんだけど）。

そんなこんなで師走の駆け込み需要に来るものは拒まずで対応していたら、来年のスケジュールが恐ろしいことになってしまった。同時期の依頼は、〆切りまで似通ってくるらしく、実は内心アセアセしている。

実はこの原稿もいま、東京へ戻る新幹線の車内で書いている。姫路に住む読者の方から講演会の依頼を頂戴し、やはり軽いノリで引き受けのほほんと西へ向かったのだ。

姫路と言えばお城でしょう！　と心密かに楽しみにしていたものの、なんとお城は絶賛改装工事中なんですね。世界遺産の天守はすっぽり覆いに隠れていて、その雄姿を拝むことは適わず……。そうそう、「天守閣」という言い方は間違いで、正確には「天守」なのだとか。理由は忘れたが、以前に専門家の方からそう力説されたのでついでに書いておく。

姫路では、黒田官兵衛ゆかりの地をアピールする幟やポスターがやたらと目についた。NHK大河ドラマ『軍師官兵衛』の主人公は、秀吉の名軍師のあのお方なのであった。自称戦国ファンとしては心憎い人選に歓喜である。そういや、映画『清洲会議』でも官兵衛がいい味を醸し出していたなあ。

「NHKがあと1年ずらしてくれたらいいいんやけど。せっかくの町おこしのチャンスやのにねえ……」

講演会を依頼してくれた読者の方が嘆いていた。お城の工事はドラマが始まるまでに終わらないのだそうだ。NHKも間が悪い。

あれ、なんの話だっけ。「依頼」ではなく「衣類」が今回のテーマだった。紛らわし……くはないか。

姫路の街をぶらぶらしていて、フト気が付いたことがあった。街ゆく人たちの服装がずいぶん厚着なのだ。確かに寒い。東京と比べても2〜3度は体感温度が低い気がする。念のためデータを調べてみると、12月の平均気温は東京が8・7度なのに対し、姫路は6・4となっていた。ちなみに大阪で8・6度、神戸でさえ8・7度なので、姫路の寒さは突出している。

余所の土地からやってきた旅人は、景色の些細な変化に敏感になる。人々の衣類の傾向は、その土地の暮らしを知るうえでのバロメータでもある。

今年はよくヨーロッパ方面へ出向いたのだが、たとえばフランス人のファッションは色使いがシックな印象だ。基本は黒やグレー系。良く言えば大人っぽいが、見方によっては地味とも言える。台湾で買ったど派手な水色のジャケットを着て行ったら、自分だけ明らかに場の雰囲気から浮いているのを嫌でも自覚させられたのだった。

「見るからに中国人って感じだねえ」

同行者に笑われたが、確かにフランスの人から見れば、中国人に見られていたんだろうなあ。中国に限らず、アジアの人たちのファッションはフランスとは対局で、派手な色使いが主流だ。とくに年がら年中暑い系の国へ行くと、灼熱の陽射しの中で赤や黄色といった衣類の明るい原色が目に眩しい。

ただし、アジアといっても我が国は例外。確か南米から帰国したときのことだが、成田から都内へ向かう列車の車内で、色のない光景に衝撃を覚えた。日本人の服装もどちらかと言えば黒やグレー系が多く、陽気で明るい色が似合うラテンの地からやってくると落差に戸惑ったのだ。

そんなことを書きながら、改めていま乗っている新幹線の車内を見回すと、やはりシックな装いが多数派だった。もっとも平日なので、出張族のサラリーマンばかりなせいもありそうだが。

東京で暮らしていて、外国人から道を訊ねられる機会が増えてきた。顔つきこそ我々と近しいものの、アジアからと思しき旅行者は着ているものを見ただけで一発で日本人ではないと判別できる。とくに冬は分かりやすい。寒さとは無縁の土地からやって来たせいだろう。ジャケットの着こなしがどこかぎこちないのだ。タイやシンガポールあたりを旅していると、ジャケットなんて一生着る機会がなさそうだなあといつも羨ましい気持ちになる。

旅先では、目に映る光景から季節の移り変わりを悟る。モコモコに厚着した人たちばかりがいるような土地は、実際の気温以上に寒そうに見えてしまうものだ。何が言いたいかというと、肌で感じる暑さ寒さだけでなく、ビジュアルもイメージの喚起に大きく寄与するのだと最近しみじみ思うようになった、ということである。

前項で予告した内容と違うのではないかと怒られそうだが、我が旅のスタイルと同じく、本書も行き当たりばったりで進んでいく。たまにはこういうフェイントを入れつつ。

次も引き続き「い」だからね。

写真はタイの市場。南国だから売られているのは
半袖やノースリーブなど夏服ばかりだ

# インド

我が家の年賀状は、前年の旅で撮った写真から1枚をどどんと大きく載せるもので、この数年ほぼ同じデザインを踏襲している。作るのは年の瀬の忙しい時期なので、イチから写真を全部見直すようなことはせず、「あのときに撮ったやつにしよう」と思いつくものからチョイスする。やはり記憶に残っているものの方がいい写真は多い。

今年の年賀状はインドで撮ったものに決めた。ムンバイのインド門をバックに、ローカルのインド人と一緒に写った1枚だ。例によって「一緒に写真に写って下さい」と声をかけられ、ならばついでに僕たちのカメラでも……という流れになった。あの国にいると自分が突如として人気者になった錯覚がする。

この数回少し引っ張り気味だったので、インドの話は今回でしばらく打ち止めにしたい。

最後はインド以外で出会うインド人について。ならばテーマは「インド人」としたいところだが、それだとしりとりが終了してしまう。行き当たりばったりでなんとなく始めたものの、しりとり形式は色々と難しさもあるなあと密かに冷や汗もかいている。

初めてインドを訪問したときのことだ。世界一周中で、次に向かった先はアフリカだった。散々な目に遭ったインドからようやく開放され、清々した気持ちすら抱きながら海を渡ると、なんとアフリカもインド人だらけでのけぞりそうになった。とくにケニアやタンザニアといった大陸東部の国々では、行く先々でインド人に出会った。

後に知ったのだが、アフリカへの移民で最も多いのはインド人なのだそうだ。海外に移住するインド人のことを印僑などと呼ぶが、アフリカで出会ったインド人はみないかにもお金を持ってそうに見えた。立派な店構えの土産物屋へ入ると、インド人が経営する店だったりする。ゼロを発見した国民性ゆえ、数字には長けていそうだし、きっと商売上手なのだろう。

ケニア滞在中に少し困ったことが起こった。ホテルのコンセントに挿していたバッテリーの充電機が壊れてしまったのだ。突然異臭がして、見ると白い煙がもくもく上がっていた。バッテリーが充電できなくなるのは致命的なので泡を食ったが、近くの電気屋へ持っていくといとも簡単に修理してくれた。あの電気屋もインド人の店だった。

また、アメリカにもインド系移民は多い。とくにレンタカーなどでドライブ旅行していると、彼らと出会う機会が激増する。ハイウェイを下り、目に留まった手頃なモーテルにチェックインするような旅をしていたときのことだ。モーテルのフロントで応対してくれるスタッフのインド人率の高さに僕は目を見張った。「あれっ、今日の宿もまたインド人だ……」と連日驚かされたのをいまも強烈に覚えている。

テキサス州のとある田舎街で泊まったモーテルでは、オーナーがタンザニア出身というインド人だった。「タンザニア、行きましたよ！」と食いつくと、そのインド人は大喜びして自分の半生について長広舌《ちょうこうぜつ》をふるった。1時間以上にも及ぶ長話に付き合わされ、少々戸惑ったものの、いまになって振り返るといかにもインド人らしいオジサンだったなあと妙に腑に落ちるものがある。

もちろん、移住先でそれなりに成功を収めている者ばかりではない。ドバイでは、故郷に家族を残し出稼ぎに来ているインド人にも出会った。世界一ののっぽビルや、世界一の巨大ショッピングセンターなど、同地を代表する派手なランドマークの数々は、インド人をはじめとした出稼ぎ労働者たちの汗と涙の結晶でもある。

そんなドバイで砂漠ツアーに参加したときのこと。砂漠の中に設営されたキャンプ地で、インドからの団体観光客と一緒になった。自動車で知られるタタ・モーターズ社の社員旅行だという。インドも急速に経済発展が進みつつある。出稼ぎ労働者が集まる一方で、同じ地に行楽気分でやってくる人たちがいる事実は、あの国の途方もない格差社会の縮図であるようにも思えたのだった。

近年、東京でもインド人をよく目にするようになった。僕が住んでいる田舎駅の周りでさえも、いつの間にかインド料理レストランが複数軒開業していた。電車に乗ろうと駅へ入ろうとすると、インド人店員がレストランのビラを配っていたりする。人懐っこい笑顔と怪しげな日本語、いやニホンゴでセールスされると、つい気になって立ち止まりたくなる。そして次の瞬間、ふっと思うのだった。そろそろインドへ行きたいなあと。

# ドラクエ

旅はドラクエである。いきなり突拍子のない発言で恐縮だが、血迷ったわけではなく、大真面目にそう思う。ドラクエとは、言うまでもなく「ドラゴンクエスト」のことだ。プレイしたことはなくとも、国民的RPGの名前ぐらいは誰しもご存じのことだろう。旅をしていると、ドラクエっぽいなあと感じる場面は数知れない。とくに世界一周したときには、これはもうリアル・ドラクエではないかという感想さえ抱いた。

ゲームでは、新しい街へ移動して宿に泊まる。街の人たちに聞き込みしているうちに、何らかのイベント（クエスト）が発生する。

それらはリアルの旅にもそのまま当てはまる。旅先で知り合う様々な登場人物たちと交流し、クチコミで知ったスポットへ積極的に足を運ぶ。偶発的な要素に翻弄されるような旅をしていると、自分がゲームの冒険者になった気分になってくる。

旅にトラブルはつきもので、時には旅行者をカモにしようと悪い奴らも立ちはだかる。あの手この手で騙し小銭をせびる小悪党から、力ずくで奪い取ろうとするボス級の悪役まで、実に多様な敵キャラが登場する。これもまさにRPGっぽい。奴らは、冒険者の行く手を遮るモンスターのようなものだ。知恵と勇気で立ち向かうも、やられると所持金が減るところも考えたらゲームと同じだ（ドラクエでは全滅するとペナルティで所持金が減る）。難関をクリアしていくうちに、経験値が増え、いつしか立派な冒険者、もとい旅人に成長する。ゲームで言えば、レベルアップである。

個人的な体感としては、旅人にドラクエ好きは多い印象だ。ゲストハウスなどでほかの日本人旅行者と談笑していると、ドラクエの話題になったことは一度や二度ではない。彼らに「旅はリアル・ドラクエだよね」と言うと、みんなうれしそうに賛同してくれる。某旅雑誌でも、以前にそんなキャッチコピーの特集記事が組まれていたこともある。

一方で、近頃は逆にゲーム自体がリアルな旅を彷彿させる方向に進みつつある。「旅はドラクエ」ではなく、「ドラクエは旅」になってきた実感があるのだ。

『ドラゴンクエストX』は、シリーズ初のオンラインゲームになった。僕ももちろんプレイしているのだが、これが本当に旅そのものという感じで驚かされる。何万人ものプレイヤーがネットを介し一つの世界を共有し、同時に冒険の旅に出かける。街やフィールドですれ違うキャラクターには「中の人」がいるわけで、無数の出会いや別れ、人間ドラマが生まれる。

仮想世界で仲良くなった人に、「リアルでは何をしているの?」といった無粋な質問はお互いしないのも、旅先での出会いに通ずるものがある。旅人の経歴は旅先ではほとんど意味を持たない。バックパッカーどうしだと、「旅に出る前は何をしていたの?」なんてことをいきなり訊かないのが暗黙の了解である。

オンラインゲームでは随時アップデートが行われ、新しいエリアが開放されていく。ドラクエの世界では、つい最近待望のカジノがオープンした。これにハマって冒険をおそろかにするプレイヤーが増えているのを見て、旅っぽいなあと思った。

リアル世界を旅する中でも、しばしばカジノの街に辿り着く。僕自身、かつてラスベガスで気が付いたら3泊もしてしまい、焦った経験がある。旅の資金を増やそうなどと下心を持って臨むと、大抵は手痛い目に遭って返り討ちだ。

ほかにも、近頃の人気スポットとしてはピラミッドの話題も興味深い。もちろん、これも仮想世界での話だ。秘宝という名のレアアイテムを求めて、冒険者たちが集う中で、お金を取って秘宝の鑑定を代行する商売を始める者が現れた。詳しい説明は省くが、要するにシステムの抜け穴を突いた裏技のようなものだ。色々考えるものだなあと感心させられていたが、詐欺などのトラブルも絶えないようで問題視されている。

僕はエジプトの本家ピラミッドを思い出した。世界屈指の観光地である。あそこは詐欺師をはじめ、旅行者にとって油断ならない敵キャラが多数登場する。有名なエピソードとしては、ラクダに乗ったらラクダ引きに高値を請求され、お金を払わないと下ろしてもらえなかったなど。観光地に不届きな輩が集まるのは、ゲームもリアル世界も変わらない。

ドラクエにはやりこみ要素というものがあって、いわゆるラスボスを倒した後もプレイは続く。帰国＝クリアした後も、懲りずに旅を繰り返しているのは、旅が持つやりこみ要素ゆえのことだろうか。旅はドラクエである。そして、ドラクエは旅である。

# LCC［エル・シー・シー］

「おきゃくさまっ、カメラの電源をお切り下さいっ！」

耳をつんざくような大声に、僕の淡い眠りは遮られた。誰かが窓の外を写真に撮ろうとしたのだろう。離陸中の機内。電子機器類の使用が御法度なのは分かる。分かるけれど、そんなムキになって怒鳴らなくてもいいのに……。せっかく心地良く寝ていたところを起こされ、僕は心の中で軽く舌打ちをしたのだった。

那覇発、石垣行きのフライトに搭乗していた。ＬＣＣである。具体的な航空会社名まで書くのは控えるが、ほかにもえっと驚くほどにアラが目立つフライトだった。

機内は比較的空いていた。左右三席ずつの標準的なレイアウトだが、3席まるまる誰も座っていない列も多い。にもかかわらず、通路側座席の僕の隣、さらにその奥の窓側座席には人がいた。この列に限らず、こんなに空いているのに、なぜか妙に乗客が特定の列に固まって座らされている。ただでさえ窮屈なLCCのシートである。自動チェックイン機がたまたまアサインしたものとはいえ、理不尽さを覚えるのも正直なところだった。ならば空いている席へササッと移動しようかとも企んだ。すると、その心理を先読みするかのごとく、客室乗務員から釘を刺すアナウンスが流れたのだ。

「当便ではお客様の座席の移動は固くお断りしております……」

座席指定が有料のLCCだから、公平を期すための処置なのかもしれない。とはいえ、そんなに目くじらを立てずともよいのではないか、というのが率直な感想だ。それなりに混雑している状況ならまだしも、明らかに人気《ひとけ》のない便でこうも杓子定規な対応をする必要があるのだろうか。

思えば電子機器類の扱いについても、離陸前に過剰なほどに注意喚起のアナウンスがあった。「必ず主電源からお切り下さい」と言い方からして、やけに強調しているなあと記憶に残るほどだった。窓の外には、沖縄の青く、美しい海が広がっている。乗客は学生風の若い子たちが多く、見るからにレジャー路線である。つい写真を撮りたくなる気持ちも想像がつくだけに、怒鳴られた子に同情心が芽生えた。楽しいはずの沖縄旅行に水を差され、萎縮してしまったら可哀想だなあ。

一方、その旅で那覇から成田への移動で利用した別のＬＣＣは、まるで対局と言えそうな興味深いフライトだった。やはり、えっと驚くような客室乗務員の応対ぶりなのだが、いい意味で、だ。こちらは航空会社名を出してもいいだろう。バニラエアである。

「最近、我が家にも遂にウォシュレットがやって来まして……」

飛行機の機内には似つかわしくないユニークなトークが始まったのは、例の「電子機器の電源をお切り下さい」などお決まりのアナウンスをする場面でのことだった。マイクを持ったチーフパーサーによる、面白愉快な軽妙トーク。ヒステリックに「電源を切れ」と怒鳴る前述したフライトとは偉い違いだった。

続いて始まった、客室乗務員のプロフィール紹介タイムにも度肝を抜かれた。

「機内中央におります○○は焼肉が大好きな人間で、昨日まで３日連続で焼肉を食べたそうです……」

そんな感じで、乗務員一人一人の名前と趣味などを冗談交じりに紹介していく。乗客からはクスクスと笑い声が漏れ聞こえる。僕も思わず噴き出してしまった。

「何かご用の際には、一番お気に入りの乗務員にお声がけください。声をかけるのが恥ずかしい人は、お目当ての乗務員が近くを通りかかった際に、ここぞとばかり座席の上のボタンを押してくださいね」

笑いを取りながらも、伝えるべき内容はしっかり押さえる絶妙なアナウンス。心底驚いたのは、一通り話終えた後、同じ内容を英語で再び繰り返したことだ。それも非常に滑らかな英語で、ジョークの部分は外国人向けにところどころアレンジを加えるサービス精神旺盛ぶり。外国人客もこれには大ウケな様子だった。

「もうすぐ節分ですね。私にとっての鬼は会社内におります。2月3日以降、機内で私の姿が見られなくなったら、鬼退治に敗れたのだと思ってください」

成田空港に着陸した後、駐機場までの長い移動の時間にはそんな話をして締め括ってくれた。客席からは盛大な拍手がわき起こる。拍手喝采を浴びる客室乗務員のアナウンスなんて初めてだ。石垣路線のときと同様、寝る体勢に入ろうとしていた僕は、またしても眠気が遮られる格好となった。けれど、今度は心地良い目覚めだった。

今年に入って今日までに計12フライトに搭乗したが、うち8フライトがＬＣＣだった。ＬＣＣの利用率が日に日に増しているのは、やはり価格の安さに抗《あらが》えないがゆえのことだ。路線にもよるが、コストパフォーマンスだけ見ればレガシーキャリアと比べるべくもない。

安さの代償として、目をつむらなければならない不都合な点はどうしても生じる。石垣路線で体験した、いかにもなマニュアル至上主義という応対も、効率化を求められるＬＣＣではある意味仕方ない部分ではある。

一方でバニラエアのように、独自のやり方で空の旅に彩りを添えてくれるＬＣＣが出てきたのは一つのトピックスと言えそうだった。こういう楽しめる趣向がもっと増えれば、単なる移動と割り切るのではなく、積極的にＬＣＣを選ぶ理由にもなりそうな気がする。

その後、LCCは再編が進み、
2019年にバニラエアはピーチに統合され姿を消すことに

## SIMフリー

旅の持ち物に優先順位を付けるとしたら、パスポートの次ぐらいに重要なのが僕の場合スマホである。あれば便利、ではなく、ないと最早困るレベルで依存している。主戦力となるのはｉＰｈｏｎｅだ。加えて旅の内容次第でｉＰａｄやラップトップＰＣといったデジタル機器を鞄に忍ばせるが、母艦はあくまでもｉＰｈｏｎｅで、念のため2台を携帯している。

ｉＰｈｏｎｅはバンコクで買ったものだ。いわゆるＳＩＭロックフリー端末である。ＳＩＭカードを差し替えれば、キャリアに関係なく使用できるので、海外旅行では非常に重宝する。日本のｉＰｈｏｎｅを海外へ持って行ってもそのまま使用できるが、通信料がばかばかしいほどに高くつく。よく旅をする人ならＳＩＭフリーのありがたみはご存知のこと思う。

海外旅行で現地に到着して最初にすることが両替（最近はＡＴＭの方が主流だが）だとすると、２番目はＳＩＭカードの入手である。現代の旅行者にとって、これは最早セオリーと言っても大げさではない気がする。たとえばシンガポールやホーチミンの空港では、両替所でＳＩＭカードが売られているほどだ。そうでなくても、大抵の国では税関を通って割とすぐのところで専用のカウンターを見かける。何はともあれ、まずは通信手段を確保するというわけだ。

実は、パクセという街でこれを書いている。ラオス第二の都市だが、街はこぢんまりとしており、交通量は少ない。未舗装の赤土の道路を、砂埃を巻き上げながら時折バイクが走り抜けていく。タイから地味な移動を繰り返しつつ辿り着いた。ずいぶんと田舎街まで来たなあと感慨に浸っている。

先ほど、道端の小さな雑貨屋で缶ビールをチューチュー飲んでいたときのことだ。ビールなのにチューチューという表現は不可解と思うかもしれないが、ラオス人を真似てストローで飲んでいたので間違いではない。その店に白人の若い旅行者がつつつと寄ってきて、店主の親父に英語でこう訊ねたのだ。

「シムカードはありますか？」

重ねて書くが、小さな雑貨屋である。歯磨き粉やスナック菓子なんかが軒先に並べられ、床で猫がゴロニャンと転がっているような素朴な佇まい。いくらなんでもシムカードは売っていないのでは……と事の成り行きを見守っていると、案の定親父は首を横に振り、白人の若者は残念そうに立ち去っていったのだった。

国によってはこの手の雑貨屋でも売られているのだろう。とくにアジアだとそこら中で「ＳＩＭカードあります」といった看板を見かけるし、コンビニに置いてある国もいまは珍しくない。けれど、ラオスはまだその域には達していないようだ。

僕自身は、首都ビエンチャン滞在時にマーケットで入手済みだった。５００ＭＢまで使えるデータ専用ＳＩＭカードが３万キップ。日本円にして約３００円は格安と言えるだろうか。アクティベーションは不要で、スマホに挿すだけで即座にネットに繋がった。

３年前にこの国を訪れたときには、いささか苦労させられたのを思い出す。カード自体はあちこちで売られていたが、そのままではネット接続ができなかった。電話会社のオフィスまで出向き、開通のための手続きを行うという煩わしい段取りを強いられた。まあ、あれはあれで貴重な体験にはなったのだが、わずか3年でだいぶ進歩したのは確かだ。

とはいえ通信速度は遅い。パクセに来てからもスマホの画面には3Gの表示が常に出ているが、ブラウザでリンクをクリックしてページが切り替わるのに、10秒ぐらいは待たされる。気だるい空気が漂うアジアの田舎街であるから、これぐらいのんびりな方がむしろいいのかもしれない――そう前向きに解釈するべきか。

ネットが広く普及し、さらにはモバイルでの常時接続が当たり前となり、旅はますます便利になってきた。一方で、その是非を問う声も耳にする。ハイテク過ぎるのも味気ないという気持ちもわからないでもないのだ。けれど、一度覚えてしまった味は忘れられず、僕は今日もスマホを握りしめながら異国の街角をそぞろ歩いている。

## リュブリャナ

誰しも勘違いはある。思い込みと言い換えてもいい。恥を忍んであえて書くが、スロバキアとスロベニアを混同していた。今回のお題は「り」である。悩んだ挙げ句、リュブリャナについて原稿にまとめようと思った。イタリアの東隣に位置するスロベニア。リュブリャナはその首都だ。

ところが、どういうわけかこれをブラチスラバと取り違えていたことに、たったいま気が付いた。ブラチスラバはスロバキアの首都である。スロバキアの首都がリュブリャナだとずっと勝手に思い込んでいた。仮にも旅行作家を名乗る身としては、笑えない勘違いである。こうしてカミングアウトしているいまも、まだ頭がこんがらがっている。

同様に名前が似ていて紛らわしい国としては、南米のウルグアイとパラグアイの存在があるが、こちらは自分の中では割とハッキリ区別できている。ウルグアイと聞けば、ヨーロッパのような歴史ある街並みが思い浮かぶし、パラグアイは対照的に雑然としたアジアっぽい雰囲気だったと回想する。

実際に訪問し、自らの目で見た過去を持つ土地であれば、どんなに昔のことでも間違えようがない――――そんな安易な考えが思い込みに拍車をかけていた。ブラチスラバへはかつて訪れたことがあるのだ。対してリュブリャナへはまだ行けていない。どこでどういう風に認識がすり替わってしまったのか。穴があったら入りたいとはこのことだ。

以前に単行本で刊行した『世界一周デート』が文庫化されることになった。最近はその本の制作作業で、当時の旅を振り返っていた。およそ10年も前の旅の話だ。さすがに記憶もおぼろげで……と当初は懸念していたが、自分でも意外なほど細かく覚えていた。我が人生初の海外旅行である。いまでも忘れられないエピソードが数多い。

ただ、中にはどうしても思い出せない街もあった。さすがにそこへ行ったことは自覚している。けれど、「何をしたんだっけ……」と首を傾げてしまうような印象の薄い街。それがブラチスラバだった。なにせ、リュブリャナと勘違いしていたぐらいだ。

かつてチェコ・スロバキアという名前で、現在のチェコと共に一つの国家を構成していたスロバキア。チェコに関してはプラハの麗しい街並みや、世界一と名高いチェコビールなど、語るべきことは多い。旅行先としても近年じわじわ人気を集めているようで、僕の周りでもチェコへ行ってきたという話をしばしば耳にする。

翻ってスロバキアとなると、途端に話題が乏しくなってくる。自己弁護するわけではないが、ヨーロッパの数多ある国々の中では、スロバキアは日本人にとって比較的なマイナーな国の一つと言えるだろう。

記録を確認すると、僕はブラチスラバに一泊しているようだった。ところが、どこに泊まって、何を見て、どんなものを食べたのか、記憶のディテールは欠落している。こういうときは、当時のメモや写真を辿ってみると案外楽しめる。以下、メモから抜粋する。

僕はハンガリーのブダペストから、列車でスロバキアへ移動していた。スロバキアはその頃はまだEUには非加盟で、車内で入国審査が行われた。パスポートをチェックしに来た係官は珍しく女性で、次のような会話のやりとりがあった。

「ブラチスラバまではあとどれぐらいかかりますか?」

「そうね。3時間ぐらいかしら」

女性の言葉を信じて車内でのんびりしていたが、実際にはなんと1時間半でブラチスラバへ到着して戸惑った。ヨーロッパの列車は、日本のように親切に車内アナウンスで停車駅を教えてくれない。うっかり降り過ごしそうになるほど、ブラチスラバは首都らしからぬ田舎街だっとメモには書いてある。

さらには、宿に関する記述が興味深い。ブラチスラバでは、僕は学生寮に泊まっていた。学校が休みになる夏季期間のみホステルとして営業しているユニークな宿だ。1泊2人で1000円以下という格安料金、それもドミトリーではなく個室である。そのヨーロッパ旅における最安のものだったと、喜びのコメントまで添えられている。

うーん、ぜんぜん覚えてない。

これだけネタがあるのに、きれいさっぱり忘却してしまっているのは一体どういうことなのだろう。ヨーロッパは結局20ヵ国近くも一気に巡っていて、ほかの国々と比べればこれでもスロバキアのエピソードは小粒なものだったのかもしれない。

同時に写真でも振り返ってみたが、なかなか良さそうなところなのにも驚いた。石畳の道が続き、時計台のような古い煉瓦造りの建物が立つ。古都の風情が漂い、気ままなそぞろ歩きが似合いそうな街だ。実際、我が足でそぞろ歩いたはずなのだが……。

スロバキアの通貨がコルナであったことも、メモを見るまで定かではなかった。EUの一員となった現在では、ユーロが流通しているようだ。中欧諸国の多くはこの十年の間にEUへの加盟を果たし、様々なものが変貌していそうで気になっていた。これを機にリュブリャナ、もといブラチスラバを再訪してみたくなった。

ブラチスラバの写真を見返していて気になった1枚。
調べたら有名なマンホールらしい

# ナイトマーケット

日が落ち始めると、そわそわとした落ち着かない気持ちになってくる。アジアを旅していると、夜の訪れが待ち遠しい。日中は暑すぎるのだ。積極的に日陰を辿るような街歩きから一転、ネオンに誘われゆるゆる徘徊する時間に変わる。

これは現地の人たちも同様なようで、日没を境に街の活気が様変わりすることも珍しくない。暑さがやわらいでからが本番という、彼らのライフスタイルを目の当たりにする度に、北国からやってきた旅人は羨ましさが募る。

ナイトマーケットは、そんな暑い土地ならではの楽しみと言えるだろうか。地域によっては「ナイトバザール」や、「夜市」などと呼び名が変わるが、基本的には同じものを指す。ある程度の規模の街へ行けばほぼ必ず見かけるし、特定のエリアだけでなく、日が暮れたらそこら中に露店が立ち、街全体が縁日化するようなところも数多い。

たとえば最近行ったところだと、プノンペンのナイトマーケットは僕好みな感じだった。大きすぎず、小さすぎず。余裕を持って歩き回れる、適度な広さのマーケットだ。売られているものは、主に衣料品や雑貨など。土産物を売る店もごく一部出ていたが、概ねローカル向けの品揃えだ。リバーフロントという、プノンペンで最も外国人が集まるエリアから近いロケーションの割には、明らかに観光客は少ない印象だった。

観光に特化したようなナイトマーケットだって、別に嫌いではない。僕はむしろ率先して足を運ぶタイプで、そういうものだと割り切って臨めばそれなりに満足できる。けれど、どちらがいいかと問われれば、ローカルな雰囲気が強いマーケットの方に惹かれるのだ。

理由は自分では分かっている。買い物自体には前向きではないからだ。観光客向けのマーケットへ行くと、自分も客としての目線で見て回る形になる。つい勢いで余計な買い物もしてしまう。当事者ではなく、あくまでも傍観者として冷やかし歩きたいだけならば、ローカルな市場の方が居心地はいい。

先述したプノンペンのマーケットでは、全体を歩き尽くしても、何一つ欲しいと思えるものがなかった。これは相当レアなパターンだが、それゆえに自分の中では評価が高い。気ままにそぞろ歩きながら、ハッとさせられる光景に遭遇したらカメラを向ける。買う気もないくせに、店頭にディスプレイされているTシャツなんかを気まぐれに手にとって、店員さんに話しかけられてみる。冷静かつ客観的に見ると、ただの暇人だが、それだけで満たされるのだから安上がりでもある。

まだまだ肌寒い日々が続く、晩冬の日本でこれを書いているせいか、急激にアジアのあの夜の賑わいが恋しくなってきた。考えたら、我が国では、ああいったナイトマーケットはなかなか見かけない。強いて言えば夏祭の縁日が近しい存在かもしれないが、季節限定なので自分としては別物に思える。家の近所にあれば、毎日のように通うのになあ……と遠い目にもなる。

そういえば、日本国内を旅していて、一度だけアジアを彷彿させるナイトマーケットに出合ったことがあった。場所は沖縄だ。やはり衣類や雑貨が中心のマーケットだった。アメリカンカジュアルで身を固めた、地元の高校生らしき若者たちで賑わっていた。ガイドブックなどにはまず載っていない、完全にローカルなマーケットである。

本州では目にしないような、どぎつい色をしたカップケーキを買い食いしつつ、なんとはなしに歩いていくと、一軒の小さな露店に妙に人だかりができていた。なんだろうかと覗いてみて、僕は自分の目を疑った。ヴィトン、プラダ、グッチ——お馴染みブランドのロゴが入ったカバンや財布、ベルトなど。それらが、露店の前にうずたかく積まれていたのだ。

いわゆるフェイクだと思われた。確認はしていないが、確認するまでもないだろう。アジアのマーケットではその種のフェイク品が売られているのは日常的だが、まさか日本で！　と僕は度肝を抜かれたのだった。「沖縄はアジアだ」とはよく聞くが、こういう光景を目にすると、なるほどと腑に落ちる。

マーケットの話から、なぜか沖縄に結びついた。本書の原稿を執筆するにあたっては、何を書くかあまり決めずキーボードを打ち始めている。自分でも予期せぬ展開になったりしておもしろい。実は近頃はますます沖縄熱が増している。沖縄については色々と書きたいことがあるので、近いうちに「お」が来ないかと密かに狙ってもいた。次が「と」なので、「と」から始まる沖縄ネタがあれば、それでもいいのだが……。

仕事場近くのカフェでこれを書いている。どこにでもある某有名コーヒー・チェーンだが、下手に小洒落たところよりもこういう地味な店の方が原稿仕事が捗《はかど》る。割と頻繁に、というか東京にいるときはほとんど毎日のように訪れるせいか、店員さんともすっかり顔馴染みになってしまった。いつものようにアイスコーヒーを注文し、いつものように200円を支払おうとしたら、店員さんの表情が曇った。

「……220円になります」

なんと、値上げしていたのだ。諸費税が3パーセント上がった。増税すると言われても、いまいちピンときていなかったのが正直なところだが、こうして身近なところで変化があると、改めて事の重大さを知らしめられる。でも、フトおかしいなと思った。元々200

円だったのが、3パーセントアップでなぜ220円になるのだろうか。噂の便乗値上げというやつだろうか。いやはや、いやはや。

旅の多い日々だから、必然的に外で仕事をする機会が増えてきた。旅先のカフェで、ホテルで、空港で。原稿を書くだけなら、パソコンが一台あれば、場所を選ばないのは助かるが、そういったアウェイなところでばかり仕事しているうちに、困ったことが起こった。逆にホーム、つまり東京にいると、なかなか筆が進まないのだ。内容が旅の話だから、書いているうちにいてもたってもいられなくなってくる。部屋に閉じこもり、パソコンに向かってパチパチしている我が身が虚しくなってくる。煮詰まってきたら、こうして仕事場を出て、近所のカフェに出向くというわけだ。

気分転換を兼ねて、お出かけすることもある。天気のいい日は自転車にまたがり、隣町まで遠征するという少年時代のプチ冒険のような行動に出たりもする。ちょうどここ数日は、どこへ行っても桜が綺麗で、自転車でノロノロ走っているだけでも、淀んだ心が洗われるようだった。すっかり春だなあ、と目を細める。東京にいて良かったと思える瞬間だ。公園へ行ったら、満開の桜の前にテーブルとベンチが設えられているのを見つけ、パソコンを広げて原稿を書いてみた。平日の真っ昼間だというのに、シートを敷いて赤ら顔でビールを飲んでいる花見客もいる。そこらじゅうにわんさかいる。彼らを横目にパチパチ仕事をするのは悔しさが募るが、さっさと終わらせて自分もグビッとしようと、むしろエンジンがかかるのだった。

最近は主に東南アジアの長編旅行記を書いている。旅行中に撮った写真を資料として見直していたら、タイの屋台で食べたガパオの写真が画面に表示され、涎が出そうになった。挽肉とバジルを炒めたもので、タイ料理の定番として知られる。数あるタイの名物料理の中でどれか一つだけ挙げるとすれば、グリーンカレーやトムヤムクンよりも、僕はこのガパオを圧倒的かつ絶対的に推したい。

タイへ行くと、いつも一食目はガパオと決めている。アツアツのご飯にぶっかけ、上に目玉焼きが乗せられて出てくるのがスタンダードなスタイルだ。顔を覗かせている真っ赤な唐辛子を目にしてニンマリしつつ、激烈な辛さにヒーハー言いながら頬張る。あれとシンハービールさえあれば、どこででも生きていけそうな気がする。

偶然は重なるものである。タイミングのいいことに、タイ関係の知り合いからタイフェスティバルの告知メールが届いた。代々木公園で開かれるタイフェスティバルは、東京の春の風物詩として定着した感がある。もうそんな季節なのだなあ。今年は5月17〜18日だという。さっそくカレンダーに予定として入れておいた。

タイフェスティバルは、以前は「タイフードフェスティバル」という名称だった。「フード」が外れたいまも、イベントの最大のお目当ては、ずらりと立ち並ぶタイ料理の屋台だろう。東京じゅうのタイ料理屋が一堂に会し、どこで食べるか迷うほどだ。仲のいい編集者と「タイ料理屋研究会」なるものを結成し、打ち合わせと称してよく都内のタイ料理屋を食べ歩いている。タイフェスティバルは、我が研究会にとっても、研究の絶好のチャンスだったりもする。

想像しただけで、さらに涎《よだれ》が出そうになった。5月まではとても我慢できない！ということで、原稿を片付けた足で行きつけのタイ料理屋へ向かった。注文したのはもちろんガパオである。タイで食べるのと比べると辛さこそ物足りないが、厨房から聞こえてくるタイ語の響きに東京にいるのをしばし忘れる。

会計をしたら、この前来たときより100円も値上がっていた。いやはや、いやはや。

「イー、アール、サーン……」

そこかしこから聞こえてくる異国の言葉。記念撮影にいそしむ中国人観光客たちだ。カメラを前に、片足を立て、両手を上げる。見ているこちらがちょっと恥ずかしくなるような、大胆なポーズを惜しみもなく繰り広げている。いまや世界中どこの観光地へ行っても見られる光景と言えるだろうか。

先週末のことだ。御殿場に桜を見に出かけた。東京ではもう散ってしまった春の風物詩が恋しくなり、未練がましく桜の開花前線を追いかけ地方へ足を伸ばす。我が家の春の恒例行事の一つだ。

と言っても、東京の中でも割と西側に位置する我が家からは、御殿場までは100キロもない。幸運にも道は空いていて、わずか1時間ぐらいで着いてしまった。御殿場市内ではちょうど「桜まつり」をやっていて、道中の車窓からして華やかで心浮きたった。

そうしてやってきた目的地が、「富士仏舎利塔平和公園」だった。その名の通り、仏舎利塔があることで知られる。御殿場の名所の一つだが、私有地なのだという。

「なんだろうね、あれ?」

小高い丘の上に立つ巨大な仏舎利塔は、周囲でも一際存在感を放っている。東名高速を走っていても遠目に視認できるほどで、以前から気になっていたのだ。

明らかに日本的な建築物ではない。まるでアジアの国々で見られるストゥーパのような形に、僕は興味を惹かれた。いわゆる「珍スポット」の一つかもしれない。ろくに下調べもせずに、桜の名所らしいという情報を元に訪れたというわけだ。

いざ来てみて驚いたのが、中国人観光客の多さだった。右も左も中国人。日本人は数えるばかりしかおらず、まるで中国に旅行しに来たような錯覚を抱くほどだった。予期せぬ光景に戸惑っているうちにも、大型バスが次々とやってくる。中国人がぞろぞろ降りてくる。ジュースの自販機の表示にも中国語がおどっていた。日本人である我々があまり行かないような場所でも、外国からの観光コースに組み込まれていることがしばしばある。ここもそういった類いのスポットなのだろうか。

これは余談だが、海外旅行から帰ってきたときに、成田空港などで置かれているフリーペーパーをチェックするのが、近頃の密かな楽しみの一つになっている。英語や中国語で書かれたフリーペーパーである。訪日外国人向けのものだが、写真主体なのでパラパラめくっているだけでも内容はある程度理解できる。

これが、率直に言っておもしろい。日本各地の名所やら、おすすめのショップ、レストランなど、掲載されている情報が良くも悪くも偏っている。きっと、視点が違うのだろう。へえ、こんなお店があったんだ……など新鮮な発見のオンパレードである。フリーペーパーなので広告記事も多いが、たとえばゲストハウスだったり、格安土産物店だったりして、広告すらも非常に興味深い。

話が脱線したが、御殿場の平和公園はなかなか見応えがあった。靴を脱いで白亜の石段を上がると、ぐるりと円形の回廊になっている。釈迦の生涯を解説するパネルを読み進めていくと、ルンピニやクシナガルといった、アジアを旅する者にはお馴染みの地名が出てくる。この仏舎利塔には、インドの初代大統領ネルーから贈られた仏舎利が納められているのだという。

何より素晴らしいのは、仏舎利塔からの眺望だった。我らが富士山の雄姿が拝める絶景に加え、満開のソメイヨシノが彩りを添えているのを目にし、桜を見に来たという本来の目的をようやく思い出した。アジア的な仏塔、そして大挙して訪れる中国人観光客という日本離れした光景と、富士山と桜のミスマッチ具合が興をそそるのだった。

日本のお寺の流儀に倣っているのか、公園内には手水舎が設けられていた。柄杓で水をすくい、手を清めていると、ふと目に留まったものがあった。水の底の方にはお賽銭が沈んでいるのだが、日本円ではないお金が多数混じっているのだ。個人的に思い入れ深いタイバーツもある。それこそタイにありそうな仏塔を見に、タイ人も来ているのだろうか。

「あっ、ウーマオだ！」

同行していたうちの奥さんが声を上げた。中国の通貨は人民元だが、補助単位として「角」が使われている。数字の5が「ウー」、角は話し言葉では「毛（マオ）」と呼ぶ。ウーマオというのは、つまりは5角のことだ。硬貨ばかりのお賽銭の中で、綺麗な5角のお札、正確に書くならば「伍角」のお札が目立っていた。

中国を旅行したときに、このウーマオの使い道がなくて困ったのを覚えている。1元＝10角であり、日本円にするとたった8円程度の価値しかない。いくら中国とはいえ、8円で買えるものなんて珍しく、結局使わずにずっと財布の中に入ったままで旅を終えるのがオチだった。

ウーマオ、か。日本人がご縁がありますようにと5円玉を入れるのを、真似したのだろうか。改めて見てみると、お賽銭のタイバーツ硬貨も5バーツのものだった。

景色もいる人も外国みたいで、どこか海外の観光地のようだがここは日本という不思議

# お土産

ゴールデンウィークはフィリピンへ棚田を見に行ってきたのだが、帰りの空港で少し困ったことになった。免税店を覗くも、気の利いたお土産が見つからないのだ。

いわゆる、バラマキ土産である。普段なら街中のスーパーなどで買い求めることが多い。帰り際になって、免税店で慌てて探し始めるなんて愚策であることは重々理解している。けれど、今回は仕方がなかった。都市部はスルーし、ほぼずっと山奥に滞在していたので、買い物をするチャンスが皆無だったのだ。

箱詰めの菓子類が無難だろうか。いちおう、それっぽい商品は売られていた。包装を見る限り、あまり味に期待はできなさそうだなあと率直に思ったが、手ぶらよりはマシである。財布の中に残っていたわずかなフィリピンペソを使い切る形で、結局それで妥協したのだった。

旅を重ねるにつれ、お土産への関心が薄れてきている。バラマキ土産はともかく、自分用の土産はあまり積極的には買わなくなってしまった。旅行中は極力軽装でいたい主義なので、荷物が増えることに対して前向きな気持ちになれないのだ。

そもそも、心から欲しいと思えるものがあまりないのも正直なところだったりする。とくに行き慣れたアジアの旅では、この傾向が強い。売られているお土産のラインナップが、どこかで見たことのあるようなものばかりで、変わり映えしない状態に陥っている。ラオスで嬉々としながら買ったのとまったく同じポーチが、その後カンボジアで売られているのを目撃したときには複雑な気持ちになった。チェックはしていないが、たぶんタイあたりでも同じものが売られているのだろうなあ、なんて。

もちろん、物欲は人並みにあるつもりだ。心ときめくお土産に出合ったら、財布の紐はゆるむ。いまでもあえて買うのは、あまりかさばらないもの、そして実用的なものが多い。たとえばコーヒー豆や、テーブルクロスなどなど。確実に使えそう（使いそう）なものであれば、多少高価でも思い切ることもある。

かつては、もっとモチベーションは高かった。行った先々で、手当たり次第にお土産を買い漁った。木彫りの置物やら、楽器やら、民族服やら。現地では輝いて見えたそれら土産物の数々だが、日本へ帰国して改めて見直すとアレッと首を傾げることになるのもよくあるパターンだ。

「うーん、なんでこんなの買っちゃったんだろう……」

土産物ならぬ、「いやげもの」などと言う。こういう経験は僕だけではないらしい。日本で旅人どうしで集まって、それらいやげものを商品にしたフリーマーケットを催したことがある。部屋のスペースを無駄に圧迫していた各種土産物を整理するいい機会と思い、僕も出店してみた。あまり売れないだろうなあと期待してはいなかったが、意外なことに次々と買い手がついたのには驚いた。

自分にとっては不要なものでも、他人にとっては価値があるようだ。ほかの人たちが並べるいやげものを見て回ると、欲しいと思えるものが案外多く、僕もついつい買ってしまった。向こうも僕の持参したいやげものに気になるものがあるというので、物々交換したりもした。在庫整理するはずが、帰るときにはいやげものが増えてしまったのだった。

そんなわけで、近頃は無闇矢鱈《むやみやたら》とお土産は買わないようにしているのだが、例外が二つほどある。

まずはスノードーム。いかにもお土産物といった感じのベタなアイテムで、見向きもしない人も多いだろうが、定番であるがゆえに、世界中で見かけるので集め甲斐がある。

スノードームには大抵はその土地のランドマークが入っている。シンガポールならマーライオン、パリならエッフェル塔、ニューヨークなら自由の女神といった具合に。この手のベタな土産物は、分かりやすければ分かりやすいほどいい。

旅に行く度に買って帰ることを繰り返しているうちに、我が家のスノードームも着実に増えてきた。いまではそれらコレクションを眺めていると世界一周気分に浸れるほどで、置き場所に頭を悩ませている。まあ、これは嬉しい悩みではある。

もう一つの例外は、荷物を増やしたくないという基本スタンスに大きく反するものだ。飛行機で移動する際に瓶が割れないか気を遣うし、これほどかさばる土産物はないだろう。そう、お酒である。矛盾しているのでは？　と突っ込まれても頭を掻くばかりだが……。

# ゲストハウス

最初に思い浮かんだのは「ゲーン・キョワーン」だった。僕が愛してやまないタイ料理の王道、グリーンカレーのことであるが、あいにくしりとりなので使えない。ならば、変化球的に「ゲーン・ペット」（レッドカレー）にしようかとも思ったが、書くことがあまりなさそうなので却下。ベタすぎるキーワードはなるべく避けたいのが本音だが、今回は素直に「ゲストハウス」になった次第である。

言わずと知れた安宿の代名詞。僕も数え切れない回数、お世話になってきた。思えば、生まれて初めて海外で泊まった宿も、ゲストハウスだった。バンコクのカオサンのゲストハウスだ。確か1泊250バーツのダブルの部屋だったと記憶している。夫婦二人なので、一人当たり125バーツ。1バーツが3円ぐらいで、計算すると375円になる。到着したばかりで日本の物価感覚を引きずったままだったから、そのあまりの安さに仰天したものだ。考えたら、ダブルという表記もヘンだよなあ。ベッド二つの部屋は普通はツインと呼ぶはずだが、ゲストハウスだとなぜかダブルという言い方が通用している。うーむ、ゲストハウスの謎の一つだ。

部屋には風呂もトイレもなかった。日中は30度を超える猛暑の国なのに、エアコンなんて当然のように付いていない。暑いからと窓を開けて寝ていると虫が入ってくる。アツイアツイアツイ……。かゆいかゆいかゆい……。不平不満が口をついて出る。根気の欠片もない都会っ子にはまさに試練と言えた。いくら安いとはいえ、当時の僕はこんなところでやっていけるのか正直不安でたまらなかった。

ところが、それも最初のうちだけだった。住めば都とはよく言ったものだ。慣れてくるにつれ、自分でも驚くほど気にならなくなってきた。初めての海外で、街を歩いていて目にするものすべてが新鮮だったから、細かいことをいちいち気にするのも馬鹿らしくなったのだろうか。

最近は、海外旅行時の心得の一つとして、「ハイ&ロー」がいいのだと各所で吹聴している。高いものから安いものまで、臨機応変に取捨選択すると失敗が少ないのではないか、という考え方だ。極端な例を出すと、飛行機はビジネスクラスでも宿はドミトリーにしたり、高級ホテルに泊まりながらも食事は屋台でとる、といった感じ。高級なだけの旅は刺激が足りないし、節約しすぎるとストレスがたまる。予算レベルに縛られず、そのときの気分次第で最適な方を選択するというわけだ。

375円のゲストハウスから始まった我が最初の海外旅行は、その括りで言うと「ロー&ロー」の旅だった。年単位での長い旅になるから、できる限り予算を節約する必要があった。要するに「ハイ」を選択する余地がなかっただけなのだが、いまになって振り返ると、かえって良かったかもなあという感想も抱く。

原体験の内容は、その後の旅に少なからず影響を及ぼす。最初から高級ホテルに泊まっていたなら、以後ローを選択する気にはなれなかった可能性はある。それどころか、いまこの原稿を書いてさえいなかっただろう。まあ、それはそれでまた違ったおもしろ人生になっていたかもしれないが……。

あまり昔話ばかりするのもどうかと思うので、最近のエピソードも紹介したい。いまもゲストハウスにはしばしば投宿している。とくに一人旅のときには、どうせ寝に帰るだけだからとあまりいい宿に泊まらない。価格の安さが正義とは思わないが、抗えない魅力があるのも正直なところだ。直近だと、ラオスのビエンチャンでゲストハウスに泊まった。20万キップと25万キップの二種類の部屋があると言われ、見せてもらって高い方に決めた。5万キップの差は、テラスの有無だった。若い頃なら、迷いなく20万キップの方を選んでいただろうなあと思うと、少しは成長したのかもしれない。

ビエンチャンにも、いわゆる安宿街とされるエリアがある。宿が決まっていないのなら、ひとまずファランスワギン通り周辺を目指すと安心だ。いわばカオサンのようなところだが、カオサンとは比べるべくもないほどに規模は小さい。安宿に加え、旅行会社やツーリスト向けレストランといった、旅行者にとって便利なあれこれが揃っていて重宝する。

泊まった宿はゲストハウスといっても比較的綺麗な部類で、部屋にシャワーやトイレはあるし、なんとエアコンまで付いていた。ベッドもふかふかで、設備に対する文句はない。

とはいえ、そこはやはり安宿である。フロントの若い男に、Wi-Fiのパスワードを訊いたときのことだ。近頃はどこのゲストハウスでも最低限Wi-Fiぐらいは入っている。小さな紙きれを手渡された。書かれていたパスワードを入力し、無事ネットに繋がったのだが――。なにげなくその紙きれを裏返して、僕は目を疑った。

「パスポート……のコピー？」

チェックイン時にはパスポートを提示する。コピーを取られ、返される。その裏紙を再利用して印刷したものらしい。

僕が手渡された紙きれは、日本人旅行者のパスポートのコピーだった。小さく切り取ってはあったが、名前はおろか、パスポート番号まで判別できてしまった。あまりのセキュリティ意識のなさに呆れたが、これは序の口だった。

近くの別のゲストハウスで僕は自転車を借りた。ビエンチャンは一国の首都にしてはこぢんまりとした街で、交通量もとびきり少ない。レンタサイクルでゆるゆる走るのにちょうどいい具合なのだ。

借りる際にデポジットとしてパスポートを預けて欲しいというので、素直にそれを差し出した。ところが帰ってきて自転車を返却すると、パスポートのことなんてすっかり忘れられていて、冷や汗をかいたのだ。

「あれっ、どこにしまったっけ……」

向こうはそんなとぼけた雰囲気。結局、捜索の末きちんと見つかったのだが、さすがに閉口せざるを得なかった。良くも悪くもゆるいところが、ゲストハウスの魅力なのだろう。そう好意的に解釈するほかない。

パスポートを探してもらっていると、たまたま日本人旅行者が通りがかった。「こんにちはー」と日本語で声をかけて、なんとはなしに会話が始まる。

「この後はどこへ行くんですか？」

初対面の旅行者どうしでは最早挨拶代わりとも言えるお決まりの台詞が飛び交う。パクセへ行くと答えたら、シーパンドンが良かったですよとオススメされた。こうして情報交換しつつ、旅の可能性を広げられるのもゲストハウスならではだ。

本格的なネット時代が到来したいまでは、宿で寛いでいても、各々がスマホやＰＣの画面と睨めっこしていて会話に発展しないシーンも珍しくない。だから、久々に旅っぽい展開だなあと嬉しくなったのだった。

23
げ
ゲストハウス［げすとはう(す)］

24
# す
## スターバックス

久しぶりの「す」である。同じ頭文字はなるべく避けたいが、そう都合良くはいかない。特定の文字がよく登場してしまうのも、しりとりならではと言えるだろうか。

真っ先に思いついたのがスターバックスだった。次回も「す」になるから少し迷ったが、我が執筆スタイルは思いつき先行型なので、後先考えずに書いてみることにする。ひとまず、以下「スタバ」と省略したい。それで普通に通じるしね。

言わずと知れたコーヒー・チェーンである。海外を旅していて、チェーン系の中ではマクドナルドに次いで見かける頻度が高い気がする。とくに都市部であれば、かなりの高確率で目にするから、個人的にも割とお馴染みの店だ。なんといっても入りやすいのがいい。歩き疲れたときの小休止に。暑い国なら冷房を求めて。Wi-Fiがほぼ確実に飛んでいるので、旅先で原稿仕事をする際にも重宝している。

過去の旅のメモを辿ってみることにした。仕事柄、旅先での出来事などをメモに取る習慣があり、最近はデータ化して管理している。改めて検索をかけると、スタバに関するメモが数多くヒットした。たとえば結構昔のメモだが、マニラにあるロビンソンというデパートに入っているスタバで、僕はアイスのラテを注文している。ローカルのコーヒー屋さんだと、頼まずとも勝手に砂糖をどばどば入れられ、激烈にあま〜いコーヒーが出てくるのが普通だが、スタバは当然ながら砂糖なしで、そのことに当時の僕は軽く驚いたようだ。

不思議なもので、ローカルの甘すぎるコーヒーも、毎日飲んでいるうちにそれが当たり前になっていく。やがて、甘くないコーヒーだと物足りなさを覚えるようにもなる。暑いがゆえに、体が甘さを欲するのかもしれない。日本では基本ブラック派なのに、海外では積極的に砂糖を入れたくなるのだ。

ところが、マニラのスタバでは、ガムシロップがどこにも置かれていなかった。

「砂糖はどこですか？」

店員さんに訊ねると、なんとガムシロップは有料だと言う。20ペソ。約40円の追加料金は正直結構お高い印象だ。僕が眉根を寄せたのを見て取ったのか、店員さんは付け足した。

「普通の砂糖なら無料ですよ」

そう言って出されたのは、紙包みの砂糖だった。なるほど、有料なのはガムシロップのみというわけだ。頼んだのはホットではなく、アイスである。なんだか悔しいが、20ペソ払ってシロップを入れてもらった。ほかの国のスタバではお金を取られた記憶がない。フィリピンだけだろうか。謎は深まる。

中国では有名な観光地へ行くと、なぜかやたらとスタバが登場する。万里の長城（八達嶺長城）の麓や、北京の故宮内に店を構えていたのは、旅人の間でよく知られたエピソードだ。残念ながら、いまはもう閉店してしまったらしい。「星巴克」と漢字化したロゴを掲げているものの、国を代表する世界遺産にアメリカ系チェーンがあるのは色々と問題もあったのかもなあと邪推する。

一時期は、ご当地モノのタンブラーを買い集めていた。ついでに書くなら、中国は確かパンダの絵柄だ。地名が入ったスタバのタンブラーは、旅の土産物として手頃なのだが、数が増えてくると置き場所に困る。最近はよほど個性的なデザインでない限り、買わなくなった。代わりにスノードームにご執心であるという話は前に紹介した。

スタバに関するメモが書かれているのは、アジアが圧倒的に多い。なぜだろうかとフト考えて、すぐに理由に思い至った。ヨーロッパなら、元々カフェ文化がある。アメリカ式のコーヒーよりもエスプレッソが気分で、わざわざスタバへ行かずとも、美味しいコーヒーにそこらじゅうでありつける。そういえば、パリは都市の規模の割にはスタバの店舗数が少ないと聞いたことがある。

日常の飲み物がコーヒー以外という国・地域なら、そちらの方がいい。インドだとチャイがあるし、中東地域もコーヒーよりお茶系が幅を利かせているイメージだ。本家アメリカに関しては、スタバはあまりにも店舗数が多すぎて、逆にありがたみが薄くなる。アメリカのスタバではショート・サイズがメニューになく、一番小さいものでもトール・サイズからだ。そんなに大量には飲めないから、持て余すのがいつものパターン。

先週末にシベリア方面へ行ってきたのだが、ウラジオストクやハバロフスクではスタバを見かけなかった。スタバどころか、マックさえ一度も目にしなかった。同じロシアでも、以前に訪れたモスクワやサンクトペテルブルクにはスタバはあった。マトリョーシカの形をした同国限定のタンブラーは、我がコレクションの中でもとくに目を引くお気に入りの逸品だったりする。

スタバはないものの、オシャレなコーヒー店はシベリアでも普通にあちこちにあって、何度かお世話になった。ロシアは英語の通用度が非常に低く、高級レストランですらメニューがロシア語だけであることも珍しくない。ところが、オシャレなコーヒー店でかかっているBGMはたいがいはアメリカのポップスで、当たり前のようにアメリカンやスタバ風のラテが飲める。決して仲がいいとは言えない両国だが、カルチャーに関してはあまり壁はなさそうだなあという感想も抱いた。

本連載の原稿はカフェで執筆することが多い。「スタバの話だから今回はスタバで書いてみた！」と胸を張りたいところだが、別の喫茶店へ足を向けてしまった。地元駅の近くには店舗がないからだ。仮にスタバの有無を街の発展度合いを推し量るバロメータとするなら、シベリアのことをとやかく言えない田舎街に住んでいるのだなあと痛感するのだった。

スタバのタンブラーは国ごとに違うデザインで集め甲斐がある。
ロシアのがとくに秀逸

# スワヒリ語

言葉はどうしているのかとよく訊かれる。旅ばかりしているせいか、たまに誤解を受けるが、正直なところ英語は得意ではない。その場のノリと、身振り手振りで場当たり的に対応しているが、それで困ることは滅多になかったりする。結果、一向に上達しないのだが……まあ苦しい言い訳ではある。

世界の言語は英語だけではない。中南米はスペイン語圏だし、西アフリカ諸国はフランス語圏だ。ロシアや中国のように英語の通用度が低い国もある。アメリカやイギリス、オーストラリアといった英語圏を旅するのでなければ、あまりシビアに考える必要はないだろう。

英語が通じる地域であったとしても、大抵はローカルの言語がきちんと存在する。旅行者として訪れる場合には、せっかくなのでその国の言葉を覚えて帰りたいところだ。

「こんにちは」「さようなら」「ありがとう」

どこへ行くとしても、まずは最低限押さえておくべきはこれら3つのフレーズだろうか。加えて、「いくら?」や、数字の言い回しが分かれば、旅行するだけなら十分だったりする。僕もだいたいいつも、それらぐらいは覚えるようにしているから、それこそ「ありがとう」だけならたぶん数10ヵ国語を話せる。

逆に言えば、そういった基本フレーズ以外の言葉はほとんど分からないのだが、例外的に基本以外のフレーズまで覚えている国がいくつかある。特徴的で耳障りのいい言葉は、旅人の記憶に残りやすいらしい。

今回取り上げたスワヒリ語は、まさにそんな言葉の一つ。ケニアやタンザニア、ウガンダをはじめとした、おもに東アフリカ諸国で使われているローカル言語だ。

かつて僕はケニアとタンザニアを訪れた。両国の公用語は英語である。数多くの民族が暮らし、それぞれが別の母語を持っているため、同国人どうしで意思疎通を図るために共通語として英語が採用されている。テレビや新聞は英語だったし、旅行中の現地の人との会話もほぼ英語で済むような土地だった。にもかかわらず、ローカル言語の一つであるスワヒリ語の記憶がいまも残るのは、それだけ印象深い言葉だったからだ。

「ポレポレ」

たとえば、真っ先に覚えたのがこんなフレーズ。焦らず、ゆっくり、のんびり行こう、といった意味合いで、怠け者を自称する旅行者としては自分を正当化するのに都合の良い言葉だと感じた。朝寝坊してもポレポレ、約束の時間に間に合わなくてもポレポレで済ませてしまう。日本語の「ダラダラ」と語感が似ているし、意味も近しいが、ダラダラよりもポレポレの方が響きはチャーミングだ。

ほかにもよく使うフレーズとしては、「ハクナマタタ」も忘れがたい。英語で言うところの「ノープロブレム」だが、割と楽観的な意味合いで用いられる。タイ語の「マイペンライ」や、沖縄の方言「なんくるないさ」あたりと方向性は近い。大丈夫、なんとかなるよ、といったゆるい雰囲気を醸し出す。怠惰な旅人にとっては、やはり何かと好都合な言い回しで、どこかとぼけた語感も気に入り、いまでも身内どうしの会話でたまに使っている。

今回なぜスワヒリ語を選んだかというと、思い出すきっかけがあったのだ。つい先日、東京都内でフリーマーケットに出店した。自宅に死蔵気味の着なくなった衣類や、ほとんど出番のない食器類などを処分する名目だが、フリーマーケットへの出店自体が新鮮な体験だった。売れたか売れないかで言えば、そこそこ売れた。商品単価は、せいぜい一つ2000~3000円程度で、高くても1000円ぐらい。丸一日店を広げて万単位での売上になったから、暑い中で頑張って商いをした甲斐はあった。

実際に店を出してみて気が付いたのだが、フリーマーケットのお客さんは日本人だけではない。欧米人やアジア系など、海外の人が妙に多く、英語で値段交渉を持ちかけられたりしたのは、なかなか楽しかった。自分自身、海外旅行のときに現地の市場などで「安くしてよ」とやり合うから、すっかり立場が逆転である。インド人のお客さんなんかもやってきて、同国で受けたときの仕返しとばかりついふっかけてしまったのはここだけの話だ。

フリーマーケットで販売した商品には、海外旅行のお土産で買って帰ってきたものも少なくない。すると不思議な事態が起きる。僕が台湾で買ったバッグを、なんと台湾人のお客さんが買ってくれたのだ。これ以上の珍事はないと言える。あのカバン、再び海を渡って母国へ帰るのだろうか。

商品は適当に段ボールに詰めて持ってきたもので、店頭に並べながらしばし逡巡もした。

「やっぱり、これは取っておこうかな……」

いまさらながらの心変わり。ほとんど着ていないくせに、いざ手放すとなると惜しくなる。モノが捨てられないタイプなのだ。

中でも悩んだのが、ど派手なライトグリーンのシャツだった。改めて目にするまで存在自体を忘れていたほどだが、よく見るとなかなか格好いい。日本ではまずないであろう珍しい柄の生地には、アルファベットの文字がプリントされている。スワヒリ語だった。そう、アフリカで買ったシャツなのだ。

東アフリカ地域では、カンガと呼ばれる一枚布を民族衣装として着用する。分かりやすい例を出すと、有名なマサイ族が羽織っているあの赤い布もカンガの一種である。影響されやすい旅行者は、ついそういったローカル服を手にとってしまう。このシャツは確かタンザニアで買った。しかも既製品ではなく、仕立ててもらったものだ。

結局悩んでいるうちにそのシャツは売れ残り、再び我が家のクローゼットに収まった。半袖なので、これからの季節活躍する機会が来るかもしれない。

サイ族はみんなお洒落。
身にまとう布の派手な色合いがサバンナの風景の中で映えていた

搭乗口前には険悪な空気が漂っていた。先日、新千歳空港から成田空港行きの国内線に乗った。そのときの話である。

某LCCの最終便に予約を入れていた。前日に取ったにもかかわらず、運賃がわずか6500円と格安なのにほくそ笑みながら空港へ辿り着いたら、格安ならではの罠が待ち受けていたのだ。

思えば、手荷物検査の時点から暗雲は立ち込めていた。新千歳空港はしばしば利用するが、近頃は海外からの訪問者も増えたせいか、混雑度合いが以前よりも増している印象を受ける。検査場の入口には途方もない長蛇の列ができていた。出発時間が迫っている乗客を優先させようとANAのスタッフが呼びかけをしているぐらいだった。

こういうとき、LCCの乗客は割を食うことになる。自分が乗る会社のほかにももう1社、LCCの便があるようだったが、両社のスタッフの姿は見られない。遅々として進まない列に業を煮やし、近くを通りかかったANAのスタッフに出発時間が迫っていることを訴える人もいたが、やんわりと退けられていた。彼女たちはあくまでもANAの乗客を誘導するためにそこにいるわけで、他社の乗客の面倒までは見ていられないのだろう。

焦ってもしようがないし……と僕は楽観視していた。まわりの人たちが手にする搭乗券が自分と同じ感熱紙タイプのものであるのを見て、仲間意識も芽生えてくる。これだけ待っている人がいるのだから、飛行機は置き去りにはしないだろうという根拠のない皮算用も頭をもたげた。

やっとのことで検査を終えたときには、搭乗券に書かれていた搭乗時間を5分過ぎていた。売店で飲み物でも買いたかったが、時間がないのであきらめて指定された1番搭乗口前へ急ぐ。

ところが、ここで予期せぬ展開が待っていた。搭乗口はクローズしており、カウンターには誰もいなかったのだ。航空会社のスタッフはどこへ行ったのだろうか？　もしかして、もう出発してしまった？　カウンターの上のモニタに表示されている便名と搭乗時刻を、手持ちの搭乗券と照らし合わせてみる。確かに、ここで間違いないようだが……。

僕は焦燥感に駆られた。状況を把握しようにも、カウンターはもぬけの殻でスタッフを問い詰めるわけにもいかない。近くの椅子に座っている人たちが、僕が乗るのと同じ会社のものと思しき搭乗券を手にしているのを見て、どうやらまだ出発してはいないらしいと朧気《おぼろげ》ながら理解したのだが、うーむ。

右往左往しているうちに、ようやく水色のジャンパーを着たスタッフらしき男性がやってきて、マイクで説明をし始めた。ところが、これまたどこか的を外れた内容だった。出発が遅れていることはかろうじて理解できたものの、男性の説明は前の便がどうこうという話に終始している。前の便？　一通り喋り終わると、男性はまたどこかへ立ち去ってしまった。乗客は呆然と立ち尽くすのみだ。

その後も、アナウンスが何度か流れた。最初は到着便が遅れているのかと思ったが、どうやらそういうわけではないようだ。前の便というのは、１本前の成田行きの便のことを言っているらしい。フライトスケジュールを確認すると、比較的近い時間帯に二つの便があることが分かった。早い方の便が欠航になり、その便の乗客を僕が乗る遅い方の便に振り替えている、というのが真相のようだった。要するに、スタッフは欠航便の乗客の対応に大わらわだったのだ。

欠航便の乗客には同情するが、僕たちとしてはとばっちりである。振り替え作業が完了するまで、飛行機は出発しないというアナウンスがあった。それからだいぶ待たされて、今度は前の便の乗客用に新たな搭乗券を発券するという案内が流れた。それらはいずれも欠航便の乗客向けの説明であり、無関係のはずの僕が乗る便の乗客はなかば放置される格好になった。

我慢の限界を超えたのだろう。とうとう待たされていた乗客の中から声を荒げる人も現れた。通りかかったスタッフに罵声を浴びせている。言葉はとげとげしいが、糾弾している内容は航空会社側の説明不足を非難するもので、その乗客が言っていることは正論だった。

飛行機が遅れるのは仕方のないことだと思う。しかもＬＣＣだから、乗客としてはある程度のリスクは織り込み済みで利用しているのが本音だったりする。安いのだから……という割り切りはどうしても伴うのだ。ただ、今回得た教訓はまた別のものだった。

それは、旅行中のトラブルや揉め事の多くは、誤解によるものなのだなあということ。航空会社の人たちだって、別に故意に困らせようとしているわけはないだろうし、できる限りの対応をしたいという雰囲気は感じられた。けれど、欠航便の乗客のケアに囚われるがあまり、振り替え先となった僕の便の乗客の目には不可解な対応として映ってしまった。どこか噛み合っていなかったのだ。

今回は日本国内だからまだマシな方だ。これが海外旅行なら、加えて言葉の問題もついて回る。意思疎通が上手くいかず、結果的に現地の人と揉めてしまった経験は僕にも少なからずある。自分にいいように解釈するのではなく、相手の立場になって物事を考えなければならない。他人事ではないのだ。

結局、予定時刻よりも2時間近く遅れて、飛行機は新千歳空港を飛び立った。せめてものお詫びなのか、機内販売を割引にしますと客室乗務員から申し出があった。

夜の便なのだが、成田空港には着陸できる時間のリミットがある。門限ぎりぎりでなんとか到着はできたが、都心へ出る公共交通機関はすべて終了しており、到着ロビーは帰宅

帰れなくなり空港周辺に泊まった翌日は、
偶然にも成田祇園祭だった。結果オーライ？

できなくなった乗客たちであふれかえった。
到着階にある乗ってきた航空会社のカウンターをフト覗くと、シャッターが閉まりガランとしていたのだった。

# インバウンド

山開きして間もない富士山へ登ってきた。世界遺産へ登録されて以来ますます盛況だと聞いていたから、あえて週末を外したのだが、それでも多くの登山客でごった返していた。道幅が狭くなるところでは渋滞まで起きていて驚いたが、さらにビックリしたことがある。外国人の姿がやけに目立つのだ。下手したら日本人よりも多いぐらいで、異国の山を登っているような不思議な気持になった。

運の悪いことに、このときは天候が優れなかった。8・5合目の山小屋で一泊するも、猛烈な雨風に襲われ、山頂は霧に覆われた。数メートル先の視界もままならない状況に、あきらめて下山を決める者が後を絶たない。そんな中でも果敢にも先へ進もうとするのは、大抵が外国人登山客だった。

帰りは麓に広がる河口湖畔で温泉に浸かろうということになった。レトロバスという名の、河口湖駅から発着する路線バスに乗り込むと、ここにも外国人ばかり。小さなバスに巨大なスーツケースを持って乗り込んでくる。運転手さんは言葉こそ分からないものの、慣れているのか動じずに日本語で対応していたのも印象的だった。

河口湖と言えば、学生時代にサークルの合宿でよく訪れたところで、当時の記憶が色濃く残っている。ところが、街は様変わりしていた。英語の看板を掲げる店が明らかに増え、ホステルやゲストハウスなども目につく。立ち寄った日帰り温泉でも、湯船に浸かっているると日本語ではない言葉が耳を素通りして、ハッとさせられたのだった。

インバウンド——海外から日本へやってくる旅行、ならびに旅行者そのものを指し示すものとして、旅行業界でよく使われる言葉だ。逆に日本から海外へ行くことは「アウトバウンド」と言う。いずれにしろ業界用語であり、一般旅行者にはあまり関係のない言葉ではあるが、実はここ最近、個人的に注目度の高いテーマだったりする。

海外を旅していると、日本へ対する興味が湧いてくる。自分の国のことをもっと知りたい欲求にかられ、国内も積極的に旅して回るようになった。海外旅行を始める前の国内旅行と比べると、旅の仕方や考え方は変わった実感がある。日本の観光地などで目にする外国人が気になり始めたのも、海外旅行の影響と言えるだろうか。

近年とくに増えているのが、東南アジアからの旅行者だ。背景には訪日ビザが緩和されたことがある。僕がよく行くタイなどは顕著で、根強い日本ブームの追い風も受けて勢い盛んな印象を受ける。バンコクにいるとそこかしこで日本旅行の広告を目にするし、タイで開催された旅行業界向けの展示会へ行ったら、あからさまに「日本推し」な状況が垣間見られたりもした。

政情が不安定で、デモやらクーデターやら物騒な報道が続くせいか、タイへの渡航を控える人も増えている。海外旅行の訪問地別のデータを見ると、今夏はタイは前年比約1割減というデータが出ているぐらいだ。その一方で、日本とタイを結ぶ航空便がほとんど運休にならないのは、タイ人の訪日需要があるお陰だという話も聞いた。タイ・エアアジアXがドンムアン〜成田／関空を飛ばすなど、新規就航便まで登場している。

我が実家は北海道なのだが、いまでは新千歳空港からもバンコク行きの定期就航便が出ており、帰省の際にはタイ人を見かける機会が増えた。僕自身もその路線でバンコクへ行ったことがあるが、乗客は日本人よりも圧倒的にタイ人が多数という感じだった。

彼らが狙って北海道を訪れるのは、冬の時期だろう。お目当ては雪である。さっぽろ雪まつりの会場などは、前述した富士山並みに外国人だらけで目をみはった。多くはアジア系で、タイ語も何度も耳にしたのを思い出す。

そういった特別なイベント以外にも、真冬の北海道では屋外で記念撮影をしている外国人をごく普通に見かける。観光地ではなく、何の変哲もないただの道端で撮っていたりする。なぜこんなところで……？　と最初は訝《いぶか》しんだが、彼らが雪をバックに写真に写っているのだと知り、腑に落ちたものだ。北海道の積雪は住む者にとってはシャレにならないレベルなのだが、常夏の国からやってきた者には物珍しさがあるというわけだ。

ただまあ、我々もあまり人のことは言えない。以前にマダガスカルへバオバブの木を見に行ったときのことだ。現地の人たちは首を傾げていた。彼らからすれば、遥々遠く海をわたって木を見にやってくる日本人が理解できないのだという。身近なものは憧れの対象にはなりにくい。旅へ駆り立てられる衝動の根底には、ないものねだりのような感情もあるのだろうなあ。

# ドライブ

青森ねぶた祭に参加したついでに、レンタカーで下北半島へ向かった。本州最北端の大間からほど近い、仏ヶ浦《ほとけがうら》が目的地だ。コバルトブルーの海に、トルコのカッパドキアを彷彿させる奇岩が屹立する。なかなか見応えのある景勝地だが、そこへ至るまでの道も秘境感たっぷりで、僕はハンドルを握りながら静かに興奮した。信号機が非常に少なく、対向車線をすれ違うクルマも数えるばかり。山間部に入ると携帯の電波が圏外になった。日本の中でも辺境と呼べそうなエリアだ。

見知らぬ土地をクルマで走るのは気持ちがいい。羽根が生えたように自由自在に好きなところへ行けるのは、バスや列車の旅にはない魅力だ。クルマそのものにはあまり興味はなく、運転する行為自体に興をそそられる。要するに、ドライブが好きなのだろう。

時間が少しでもできると、自宅からマイカーでどこかへ出かける。地続きではない離島などへも、フェリーにクルマを乗せてそのまま上陸したりする。クルマで旅するなら、やはり都会よりも田舎がいい。海外でもよくレンタカーで旅するが、四季折々の美景が楽しめる日本国内のドライブは捨てがたいものがある。

車内ではプライベートな空間を保てるのも心地いい。荷物を散らかしたって誰かに咎《とが》められるわけでもないし、スーツケースでは運べない大荷物だって気兼ねなく積んでいける。運転に疲れたら、クルマを停めて背もたれを倒せば仮眠もできる。単なる移動手段ではなく、旅行中の我が家として大活躍である。走行中は、ほぼずっと音楽をかけている。アップテンポなダンスミュージックが多いが、ジャンルへのこだわりはとくになく、そのときどきのマイブームがある。旅先で買ってきた音源を聴くのにもいい時間だ。ルークトゥン（タイの演歌）や、ヒンドゥーポップなども意外なほどドライブにマッチする。

最近はソニーの音楽配信サービス「Music Unlimited」を利用している。月額の会費だけで、楽曲を無制限にダウンロードできるサービスだ。どれだけ落としても料金は変わらないので、自分の好きなアーティストのみならず、未知の音楽との新しい出合いが生まれるきっかけにもなる。ドライブ中に垂れ流すにはうってつけなのだ。

この手のサービスは日本ではなかなか根づかない現状がある。海外で人気の「Spotify」は、日本版が始まるという噂がしばしば流れるが、いまだに未上陸だ（その後2016年に遂に日本版が開始された）。時代を遡れば、タワーレコードが運営していた「Napster」なんてのもあった。僕もNapsterは愛用していた。というより、ないと困るレベルで依存していた。休止された途端に音楽難民と化してしまったのは悲しい思い出だ。

実はMusic Unlimitedもサービス開始当初に登録して、数ヵ月使っただけで解約していた。当時はオフライン機能がAndroid系の端末にしか対応しておらず、iPhone派の旅人としては使い勝手が悪かった。ストリーミングであれば再生可能ではあったが、ドライブ中は常にオンラインというわけにはいかない。待望だったiPhoneでのオフライン機能が実装されたので、改めて再入会したというわけだ。

驚いたのが、再び会員になりログインすると、以前にお気に入り登録した楽曲のリストがそっくりそのまま残っていたことだ。アカウント情報は削除されていなかったらしい。

「そういえばこの曲、あそこを旅したときによく聴いていたなあ」

などと懐かしい気持に浸りつつ、カーステレオの音量を上げたくなるのだった。

海外でのドライブだと、ラジオを流していることも多い。ラジオはローカルの流行を摑むのにいいツールだと思う。アメリカを西海岸から東海岸まで横断ドライブしたときには、全米どこででもかかっているヒット曲に加え、地域ごとにヘビーローテーションの傾向が違って興味深かった。一つ紹介すると、南部地域では、当時Nellyがよく流れていた。彼はテキサス州出身のアーティストだ。

ラジオでは同じ曲が繰り返し流れたりするから、自然と旅行者の耳に残る。誰のなんていう曲名かを調べて、土産としてＣＤを買って帰るのも我が旅のお約束である。最近は配信が主流なので、ＣＤではなくその場でiTunes Storeにアクセスして購入したりもする。帰国後に今度は日本国内をドライブしながら、それらを車内で流す。すると、旅の記憶がいつまでも風化せずに残り続けるのだ。

旅行中に聴いた音楽は、自分でも意識しないうちにその旅に紐付けられていく。何を聴いたか、だけでなく、どこで聴いたかも強い影響を及ぼす。ドライブ中に聴く音楽はとくに重要で、旅に彩りを添えるものとして欠かせない存在なのである。

「橋を見に行きたいのですが……」

マンダレーのホテルに到着するなり、僕はこう切り出した。初めての街では、チェックインがてらリサーチするのが手っ取り早い。

レセプションの女性は、慣れた口調で説明してくれた。ホテルでクルマを手配できるという。橋までは45分ぐらい。行って帰ってきて15ドル。ローカルのバスもあるが、時間がかかるのでオススメしないとのこと。

空港からホテルまでも同じぐらいの距離を走ったが、乗合タクシーで1人4ドルだった。15ドルは正直高いと思ったが、あまり時間もなかった。マンダレーにはわずかに1泊しかしない。訪れるならば、チャンスはこの日のみと言えた。

「いますぐに行けますか？」

「イエス」

女性は頷いたが、次の瞬間、なぜか躊躇《とまど》いの表情を浮かべた。

「クルマはすぐに手配できますが、もしかしたら天気が……」

歯切れの悪い返答だった。ちょうど夕暮れどきだ。なるほど、雨が降るかもしれない。昨日も夕立があったし、今日もさっきまで降っていたという。雨季真っ最中のミャンマーへうっかりやってきていた。レイニーシーズンなのだと、女性がまるで自分のせいであるかのように、申し訳なさそうな顔をして繰り返し口にしたのが印象に残った。

その名も「ウーベイン・ブリッジ」という。全長なんと約１・２キロ。19世紀半ば頃に建造されたもので、木造の橋としては世界最長を誇る。マンダレー観光の目玉だが、正確にはマンダレーの隣町アマラプラにある湖をまたぐ形で橋はかかっている。この旅最大のお目当てだった。橋を見るために、はるばる遠くミャンマーまでやってきたのだ。我ながら酔狂だなあと呆れる気持はある。

この橋に惹かれたのは、夕陽の名所だと聞いたからだ。朝陽は苦手だが、夕陽は大好物だ。食べ物ではないから、好物というのもヘンか。まあいい。とにかく、夕陽は我が旅においてプライオリティの高いテーマである。

ところが、いざ現地までやってきたら、念願の夕陽が見られない可能性が浮上した次第。東南アジアの雨季と言えば、夕陽ハンターにとって鬼門と言える。ドドーッと降って、何事もなかったかのごとくカラッと晴れる。いわゆるスコールだから一日中ずっと雨ということは稀なのだが、降るのはやはり夕方の時間帯に集中する。肝心の夕暮れどきに空が厚い雲に覆われがちなので、夕焼けを狙うのは難易度が高いというわけだ。

「行きます。今日は降らない……はず」

僕は言った。何の根拠もないのに。自分に言い聞かせるようにして。ここまで来たのだから、雨に降られようがやめるわけにはいかない。そんな頑なな決意もあった。女性は素早くクルマを手配してくれて、部屋に荷物を置いてすぐにホテルを出発することになった。どうか降りませんように。道中は祈る気持で車窓を眺め続けた。

クルマの窓ガラスに水滴が付き始めたのは、アマラプラの街にまさに入った瞬間のことだった。恐れていた事態だ。運転手が眉根を寄せながら、ワイパーのスイッチを入れる。

「ほら、やっぱり降ってきた」

英語は通じないが、そぶりから運転手がそう言わんとしていることは伝わってきた。

アマラプラはのどかな田舎街という感想で、小さな家屋がところどころ点在している。地面の水かさが増して水上集落のようになっている家も目立つ。水はけも良くなさそうだし、雨季ならではの光景なのだろう。

これは夕陽どころではなかったかも……と後悔の念も頭をもたげたが、最早引き返せない。橋の袂に到着し、クルマを降りると、小雨がぱらついていた。防滴仕様のカメラを首にかけながら、天を仰ぐ。黒々とした雲の固まりに不吉さを覚えるが、よく見ると全部が曇り空ではなく、ところどころ晴れ間も覗いていた。空の青色と雨雲の灰色がせめぎ合っている。五分五分というところだ。

意を決して橋へと足を踏み出した。１００年以上もの歴史を持つ年代物の橋だけあって、つくりの雑さがまず気になる。橋板を繋ぎ合わせた床はでこぼこしており、気を抜くとつま先が支える。両脇に手すりのようなものは何もない。足元の注意が散漫になった挙げ句、転んでそのまま水面にドボンとなりそうで少し怖い。

観光地とはいえ、いまも現役で機能している橋だ。地元風のミャンマー人の姿が9割、残り1割が僕のような暢気な外国人観光客という感じ。釣りをしているオジサンたちや、でこぼこな路面をものともせず自転車で走り抜けていく危なっかしい若者の姿なども見かけた。橋のへりに腰掛けて、井戸端会議に興じている女性たちも。こんなところで話込まずとも良さそうなものだが、彼女たちにとってはこれが日常なのだろうなあ。

半裸の子どもたちが、橋から飛び込みをしていた。ボーッと見ていると、声をかけられた。僕のカメラを指さして、写真に撮れと促す。集団の中でもとりわけ長身の少年が、我先にと名乗りを上げる。準備はいいか？　と聞かれ、僕はオーケーと答えた。すると少年は背を湖側へ向け、バック転のような体勢で橋の下へジャンプした。決定的瞬間をシャッターに収め、カメラの液晶に表示させて見せると、歓声が湧き上がった。束の間のヒーローになったようで、ついドヤ顔になる。

それにしても長い橋である。1・2キロは伊達じゃない。歩いても、歩いてもゴールに辿り着かないから、ぜいぜい息切れしてくる。ところどころに休憩所のような東屋があって、ちゃっかり売店まで出ていた。コーラを買わないかと売り込みされたが、笑顔で断って持参したペットボトルの水で喉を潤す。袈裟をまとったお坊さんとも時折すれ違った。ああ、仏教国だなあとしみじみ。

天気はぎりぎりのところで持ちこたえていた。ポツポツとした雨が、ザーザー降りに変わることはなかった。一番端まで歩き終わったあとは、同じ行程を歩いて戻らねばならない。往復すると2・4キロか。

さっきまで厚い雲に覆われていた空から眩しい光が漏れ出したのは、帰路半ばを過ぎたあたりだった。いままさに沈まんとする太陽が、最後の抵抗を始めたかのようにも見えた。急角度から注ぎ込む光が拡散し、付近の雲の固まりをじわりじわりと茜色に色染めていく。燃える炎のような夕陽だった。真っ赤な世界の中で、逆光でシルエット化した橋が浮かび上がる。想像していた以上の美景だった。あきらめかけていただけに、叫びたくなるほどに嬉しかった。誰にともなく再びドヤ顔になる。これぞ逆転満塁ホームラン——。

旅行中は、必ずしも自分の思い通りにはいかない。けれど谷あれば、山あり。必ずどこかのタイミングで奇跡に出くわしたりもする。だから旅はやめられない。実はつい先ほどミャンマーから帰国したばかりで、興奮のあまり勢いで書き殴ってしまった。

# ジョホールバル

音楽の話題について少し前の項で触れたが、やはり個人的に関心の強いテーマは書きやすい。これからも隙を見つつ取り上げようかと思っていた矢先に、フェスに行く機会が訪れた。

フェスといってもさまざまあるが、いわゆる野外での音楽ライブイベントである。フジロックやサマーソニックなどが有名だが、大きなフェスは人が多すぎて疲れるので、小中規模なものを狙う。近場よりも多少は遠い方が旅気分も味わえて一石二鳥だ。

今年は長野県の松本市で開かれた「りんご音楽祭」へ行ってみた。初参加ながら、出演アーティストのラインナップが驚くほど自分好みで、会場自体もゆる〜い雰囲気なのが心地良く、のんびり楽しめたのだった。

それで話はいきなり変わるが、思い出したのである。ジョホールバルのことを。どういうことかというと、思い出したきっかけがその松本旅行だったのである。

フェスの帰りに市内の居酒屋で一杯やった。他県からの観光客を自覚する者としては、やはりその地ならではのご当地モノを食したい。松本と言えば馬刺しかな、と短絡的思考で馬づくしの晩餐を密かに期待していた。ところが、ここで思いもよらぬ伏兵が現れたのだ。

山賊焼き――そんな名前の食べ物がメニューに載っていた。えっ、山賊？　想像もつかない料理名に僕は首を傾げた。どうやら、ローカルのB級グルメらしい。A級よりもB級を好むタイプの旅行者である。俄然興味を惹かれ、鼻息も荒く頼んでみると、出てきたのは鶏肉を揚げたものだった。

これが、美味かった。今年最大のマイヒットかもしれない、というぐらい感動した。そもそも、山賊「焼き」なのに、揚げ物という時点でツッコミたくはなる。けれど、美味しければ名称なんて何でもいいのだ。

見た目は唐揚げというよりは、竜田揚げに近い。衣はサクサク、中の肉はやわらかくジューシー。醤油味にニンニクがたっぷり効いていて高カロリーなのに加え、肉そのもののボリュームも大きい。居酒屋のつまみとしてはガッツリ系の一品と言えるだろうか。また太りそうだなあと理性が静かな抵抗を始めるも、これまた絶品の地酒でほろ酔い気味の旅行者は誘惑には勝てず、結局完食してしまったのだった。

ここで話はようやくジョホールバルに繋がっていく。彼の地でも出くわしたのだ。山賊焼きに似たメニューである。すっかり忘れていたのに、松本の居酒屋で記憶がビビビッと蘇った。うーん、散々引っ張った割には大したオチはなく申し訳ないが、要するにそういう次第なのだ。

ジョホールバルは、マレーシアの南端、シンガポールとの国境に位置する街だ。マレーシアとはいえ、訪れるならクアラルンプールよりもシンガポールから行く方がずっと近い。ブギスからバスが頻発しており、運賃も二百円程度と格安なのでほとんど路線バスの感覚で気軽に行って帰って来られる。

少し前にシンガポールに滞在していたときのことだ。ちょっとだけ暇な時間ができたので、なんとなくジョホールバルへ行ってみた。なんとなくで越えられる国境は貴重である。

あまりにも近いので、国をまたぐ形で毎日通勤している人もいるほどだという。

国境の街というと、国によってはうらぶれた雰囲気が漂っていて、治安の懸念があったりもするが、ジョホールバルに限って言えばそんなこともない。イミグレーションの建物から繋がっているショッピングセンターはピカピカだし、スタバやマクドナルドといったお馴染みのチェーンも見かける。パスポートと、あとはカメラだけという軽装で別の国へお出かけする。拍子抜けするが、苦行をしたいわけではないので楽チンなのは歓迎だ。

マレー半島を縦断するような旅の最中で訪れたなら、また違った感想を抱くのかもしれない。バンコクから南下し、シンガポールまで陸路で旅するのはバックパッカーの王道ルートで、ジョホールバルはその最後の関門となる。「とうとうここまで来たか」などと感傷に浸るのにはお誂え向きの立地なのだ。

けれど、シンガポールから日帰りでふらっとやってきた者としては、とくに感慨も湧かないのが正直なところだった。そんなことよりも、何か美味しいものでも食べたいなあ、などと俗っぽい欲求が頭をもたげる。

ネットでリサーチしつつ、訪れたのがチキンチョップの店だった。正確には「海南式チキンチョップ」なのだという。そういえばシンガポール名物のチキンライスも海南式だなあなどとぼんやり考えながら店に到着すると、静かな街並の中そこだけ異様に人でごった返していて目をみはった。どうやらかなりの人気店らしい。辛抱強く席が空くのを待ち、お目当てのチキンチョップを注文する。値段は忘れたが、五百円もしなかったと思う。シンガポールと比べるとやはり物価は安い。

出てきたのは、鶏肉を揚げたものだった。ドドンと大きな肉の固まり。お皿には付け合わせで野菜も盛りつけられているが、肉の存在感が圧倒している。店員さんがケチャップやチリソースを持ってきてくれた。それらで好きに味付けして食べるようだ。

なんだか大味な料理なのだが、ジャンクフード扱いするのは憚られる。そう、美味しかったのだ。それも、かなり。見た目はB級だが、味はA級。たぶん、肉そのもののクオリティが高いのだろう。揚げたてでサクサクなのもうれしい。出てきたのを見た瞬間には、「こんなの全部食べられるだろうか」とボリュームに怯んだのだが、見事に完食。ビールをぐびっとしながらつまみにしたら最高だが、マレーシアなので酒は置いてなかったのが唯一の不満点という感じ。

改めて写真を見比べてみると、松本で食べた山賊焼きとやはりビジュアルも似ている。味付けこそ違うものの、鶏肉をカラッと揚げたガッツリ系の一品という共通点は大きい。どうやら、この手のメニューが好きなのだということがいまさらながら分かってきた。ついでに書くと、今年は宮崎で本場のチキン南蛮も食べ、衝撃を受けたりもしたのだ。考えたら鶏肉の揚げ料理なんて割とありふれたメニューではある。フライドチキンのような食べ物は世界中どこへ行っても目にする。でも、たかがフライドチキン、されどフライドチキン。案外、奥が深いのだ。

思考が松本からマレーシアへ飛んだ。音楽の話の回でも思ったが、食べ物も旅の記憶に紐付けられていく。忘れられない至高の味に出合えると、自分の中でのその街の印象がガラリと好転したりもする。などと書いているうちにお腹が減ってきたので、今回はとりあえずこの辺で。

# ルフトハンザ

欲張りな性格なので、ヨーロッパへ行くときはスケジュールを詰め込みがちだ。短い滞在期間であっても可能な限り多くの国々を巡るような、周遊型の旅行が多い。アジアと比べると日本から遠いし、物価が高い。とくに最近は円安傾向が加速しており、対ユーロが馬鹿馬鹿しいレートになっている。せっかくだから……となるのも仕方ないのだ。欲張りというより、単なる貧乏性なのかもしれない。

そんな自分にしては珍しく、先日ヨーロッパへ行った際には1ヵ国をじっくり旅してきた。ドイツである。厳密には途中で半日だけポーランドにも遊びに行ったし、飛行機の乗り継ぎの関係でデンマークにも一瞬入国したのだが、旅の9割以上をドイツで過ごした。

今回のお題が「る」ということで、ドイツ滞在中に何かネタがないか思案していた。思考が煮詰まったときは、旅に出るとアッサリ解決するものだ。そう、お誂え向けのキーワードが見つかったのだ。ルフトハンザ——言わずと知れたドイツが誇る航空会社である。

今回は日本からドイツまでは別の航空会社を利用していて、ルフトハンザにはドイツ国内線で搭乗する機会があった。ドレスデン〜ミュンヘンの区間で、飛行時間はわずかに1時間。機材はエンブラエル195という中型機だった。

そういえば、現地で行動を共にしたドイツ人の友人が興味深い話をしてくれた。彼は以前日本で暮らしていたのだが、日本の国内線に驚いたのだという。

「東京から大阪まで飛ぶ便がトリプル・セブンなんて、すごいよね。たった1時間の距離なのに、こんな大きな飛行機を使うのかってビックリした。しかも1時間に1本とか、便数もすごい多いし」

ボーイング社のB777は我が国の空に多数導入されているが、短距離を結ぶ旅客機のサイズとしては世界基準から逸脱したものらしい。少なくともドイツの国内線では小型〜中型機が主流なようだし、僕自身がこれまでに経験した欧州内の国をまたぐ移動でも大型機だったことは過去一度もない。

さて、肝心のルフトハンザであるが、実はいざ原稿化するにあたって困ったことになった。最初から書く気満々で、注意深くネタ探しを試みたにもかかわらず——なんと、特筆すべき話がぜんぜんないという結果になってしまったのだ。さすがはドイツの航空会社。眉をひそめるような欠点はとくにないし、都合良くおもしろおかしいエピソードに見舞われることもなかった。絵に描いたような優等生エアラインという感じで、突っ込みどころがなさすぎてむしろ途方に暮れそうになったのだ。

以上、終了……というわけにもいかないか。貶《けな》す部分はないのなら、とりあえず褒め讃えてみる。

まずチェックインからして効率的だと感じた。自動チェックインが徹底されており、乗客各自が設置された機械で手続きを行う。ほかの航空会社でもいまや当たり前の自動チェックイン機だが、インターフェイスが複雑だったりして、操作に戸惑うことも正直少なくない。翻ってルフトハンザは、その点は分かりやすいと感じた。画面上の言語はドイツ語や英語のほか、日本語にもきちんと対応している。パスポートをかざして何ヵ所かポチッと押すだけで迷うことなく搭乗券が発行された。

「あれっ、もう出てくるんだ」

と拍子抜けしたほどにイージーだ。預け荷物がある人は、別途有人カウンターへ行くのだが、長い列ができていることもなかった。

ただし、手荷物検査は時間がかかる。欧州の中でもドイツの空港の検査はとくに入念な印象がある。靴を脱ぎ、ベルトを外すのは当然として、ジャケットに加えTシャツの上に羽織っていたカットソーまで脱いで検査機に通せと促された。ゲートを通過する際にブーと音が鳴らなかったのに、さらに全身くまなくボディチェック、といった具合。まあ、これは航空会社というよりは空港の話だが。

ドイツというと、ヨーロッパの中でもとりわけ生真面目な国のイメージは根強い。ドイツ人の感性は日本人にも近しいと、旅行者の間でしばしば話題に上るほどだ。その片鱗を垣間見たのは、ルフトハンザのビジネス・ラウンジでのことだった。乗るのはエコノミークラスだが、いちおうスターアライアンスの会員なのでラウンジを無料で利用できる。

ユーロのあまりの高さに辟易していたから、タダで飲み食いできるとなると俄然やる気が湧いてくる。貧乏性だなあと我ながらあきれ返るが、食い意地も張っている。サーバーから生ビールを勢いよく注ぎ、テーブルの上に置かれたフード類も手当たり次第お皿に載せていった。ビールはどこで飲んでも美味しいし、ソーセージなどが提供されているのはさすがはドイツと感心、感心。

ハムやチーズをパンに挟んで食べるという、マイ定番スタイルを試みようとしたところで、おやっと目をみはった。なんと、パンに最初から切り込みが入っていたのだ。いつもは自分でナイフで切り込みを入れるのだが、これなら具を挟むのも楽チンだ。これまで見たことがない気の利きっぷりだった。非常に些細な点ではあるが、ドイツ人のきめ細かさに僕は心底感動してしまったのだ。

飛行機は何ら問題もなく出発し、とくに危ういところもなく無事目的地に着陸した。沖止めで駐機場からはバス移動だったが、これも待たされることはなかった。万事がスムーズすぎて、安全安心。それなのに、もう少し拙くてもいいなのになあ……などと愚痴をこぼす我が身の気まぐれ傲慢ぶりが恥ずかしくなるのだった。

ドレスデン空港内のルフトハンザ・ラウンジ。
ここはやはりとりあえず生ビールでしょう

飛行機に乗る際に頭を悩ますのが、壊れ物の扱いだ。重くてかさばるので機内預けにしたいが、衝撃で破損する恐れがある。かといって無理して手荷物として持ち込んだとしても、１００パーセント安心はできない。座席の上の収納に入れていたら、着いたときには壊れていた、なんて笑えない話もよく聞く。絶対に守りたいのなら、飛行中もずっと膝の上に抱えるぐらいの覚悟を決めるしかないが、それはまあ、現実的ではないだろう。

たとえば、いつも気を遣うのが撮影関連の機材類。交換レンズや予備のカメラ本体などは、僕は最近ではもう預け荷物に入れてしまっている。以前はすべて手荷物にして持ち込んでいたが、飛行機移動中にはまず使う可能性のないものをずっと持って歩くのは非効率だ。ほかにもＰＣやタブレットなど重量のある道具類が多数あるから、カバンはできるだけ軽くしたい。大空港だと結構な距離を歩かされるし、カバンが肩にずっしり食い込む状態はシンドイのだ。

衣類などを緩衝材にしつつ厳重にパッキングして、チェックイン時にフラジャイル（壊れ物）のタグを付けてもらい、ええいっと預けてしまう。ある意味商売道具ではあるので、プロの写真家の人たちにそれを言うと眉をひそめられるが、身軽な方がやはり圧倒的に楽チンで、結果オーライでこれまで済ませてきた。そして、幸いにもこれまで一度もトラブルは起きなかった。そう、これまでは……。

前回の原稿で、ドイツへ行ってきた話を書いた。その旅から帰国したときのことだった。成田空港で入国審査を終え、ターンテーブルに流れてきた自分たちのスーツケースを目にして、嫌な予感に襲われた。「たち」と書いたのは、このときは夫婦二人で旅行していたからで、正確にはうちの奥さんのスーツケースが危惧の対象だった。

「あれ、ヒビが入ってる……？」

スーツケースの下部に亀裂のようなものができていた。長さは7、8センチぐらいだろうか。当然ながら、預けたときにはなかった亀裂である。持ち上げて、軽く揺らしてみると、中からガシャガシャという音が鳴った。それを聞いて、嫌な予感は確信へと変わっていく。恐る恐る開けて、中を確認すると——。

「あちゃあ……、割れてるね」

旅の途中、ポーランドで雑貨を買っていた。主にお皿やお椀といった陶器類だ。それらの一部が、スーツケースの中で無残な姿に変わっていた。まったく懸念していなかったわけではないが、まさか割れるとは想像もしていなかった能天気な旅人は、がっかり項垂《うなだ》れてしまったのだった。

思い返せば、搭乗する時点でフラグのようなものは立っていた。いつも通り預ける際に「フラジャイルのタグを付けてください」とお願いしたのだが、そんなものは用意していないと航空会社のスタッフに突っぱねられたのだ。タグなんてしょせんは気休めで、付けても付けなくても現実の扱いに大して違いはないらしいが、これが不吉の前兆だった。

「うーん、ないのならば、しょうがないか」

深いことは考えず、そのまま預けてしまった自分たちの軽率さを呪いたくなる。でも、後の祭りだ。バゲージクレームへ行って状況を説明すると、スーツケースは弁償というか、無償で修理してくれることになった。けれど、中に入れていたものまでは航空会社も対応する義務はないとのことだった。

そんな明らかな割れ物を中に入れている時点で自己責任だろう、と罵られても反論はできない。航空会社に文句を言うつもりもない。リスクは無論承知のうえで、それでも強行したのだから、運が悪かったなあと潔くあきらめるしかない。ただ、理屈では納得するものの、悲しい気持になるのは否めなかった。

自分たちを正当化したいわけではないが、いちおう言い訳も書いておくと、今回は預け荷物に入れざるを得ない理由もあった。買った食器が、尋常でない量だったのだ。

大きなモノから、小ぶりのモノまで合わせて30個近く。もはやお土産のレベルを超えており、そのまま新生活を始められそうなほど大量に買い付けていた。機内に持ち込むのは骨が折れそうだし、持って歩く途中で破損する恐れもあった。迷った末、厳重にパッキングして預けてしまった方がむしろ安全なのではないかという結論になったのだ。結果、裏目に出たので、判断は誤りだったが……。

なんでそんなに買ったのかというと、そもそも食器の買い付け自体が今回の旅の目的の一つだった。我が家では旅の土産として各地で雑貨を買い漁る。買って帰ったはいいものの、「いやげもの」と化して埃をかぶるものも多いことは本書でも前述したが、中には当たりもある。気に入った雑貨はいまでも日常的に愛用しているのだが、その筆頭とも言えるのがポーランドの食器だった。

同国西部、ドイツとの国境近くに位置するボレスワビエツという名の小さな街で作られた食器を、以前に首都ワルシャワを訪れた際にお土産として買って帰った。白地に青色模様で彩られているのが特徴で、絵皿ながら派手過ぎず、日本の食卓にも違和感なく溶け込むこの食器に僕たちは魅了されたのだ。

ならば改めてポーランドの、それもどうせなら産地であるボレスワビエツという街まで行ってしまおうと思い立ったのが、今回の旅の動機だったというわけだ。

ポーランド食器は近年日本でも人気らしく、探せばネットショップなどで買えなくはない。けれど、輸入物では満足できないのは旅人の性である。はるばるヨーロッパの片田舎まで食器を買いに行く。酔狂な旅かもしれないが、「行って買う」をモットーとしている自分たちとしては、至極自然な行動だった。

それに日本で買うと、現地よりも値段が割高だ。今回ボレスワビエツのファクトリーショップへ行ってみて、日本のショップが法外な値段を付けていることを知った。輸送費がかかることを考慮しても、元の値段との差は目玉が飛び出るほどなのだ。

ボレスワビエツという街自体も、とても素敵なところだった。こぢんまりとした田舎街だが、パステル調のメルヘンな家々が立ち並び、おとぎの世界に迷い込んだような感動があった。教会の前では犬を連れたおばあちゃんたちがのんびりと談笑している。石畳の道をキックボードで少年たちが駆け抜けていった。すれ違いざま、「ヤーパン？（日本）」と恥ずかしがりながら探りを入れてくる。マイナーながら、密かに日本人の訪問者も多い街なのかもしれない。近頃は「チャイナ！」と言われ、もどかしい思いをすることばかりだったから、親日的な空気が居心地良かった。

そんな街で出合った、かねてより憧れだったポーランド食器。物欲に火が灯り、アドレナリン全開で買って、買って、買いまくった。しかもレンタカーで来ていたので、荷物の心配をしなくていいことも拍車をかけた。気が付いたら、手で持っては帰れないほどの量の食器を買い込んでしまったのだ。

帰宅してからじっくり検分してみると、割れたのは2枚だけだったことが分かった。最後の最後までどれにするか悩んで選んだ大皿が被害に遭っていたのは残念だが、2枚で済んだのは不幸中の幸いと言えるかもしれない。

それによく考えたら、スーツケースが破損したのも初めての経験だった。よっぽど大きな衝撃がかかったのだろう。これまで相当な回数飛行機に乗っているのに初めてなわけで、今回は例外と捉えることもできる。スーツケースが壊れるほど運が悪かったのだと、自分たちを納得させることにしたのだった。

破損していなかった僕の方のスーツケースに入れていた食器はすべて無傷だった。夫婦でまったく同じ型のリモワのスーツケースの色違いを使っている。ちょうど今朝の便で奥さんは海外出張に出かけたのだが、壊れた彼女のスーツケースはまだ修理から戻ってきていないので、僕のを一時的に貸すことにした。日本でいま留守番をしながら、今度は壊れませんようにと静かに祈っている。

陶器の街ボレスワビエツは居心地のいいところだった。
「行って買う」を旅の大義名分に

32 ざ 雑貨［ざっか］

33 か

## カリボ

突如思い立って、大がかりな部屋の片付けに挑んだ。モノを捨てられない性分なので、不要なものがあちこち散乱していたが、それらをええいっと捨てることにした。明らかにゴミと言えそうなモノ。いつか使うかも、と取っておいたけど、冷静に考えたら絶対に出番はないだろうと言えるモノなどなど。捨てて捨てて捨てまくったら、計10個以上ものゴミ袋になったのを見て、我ながら脱力した。

「そういえば、こんなの持っていたなあ」

と、存在自体をいまさら思い出したモノも数多い。忘れていたぐらいなので、それらも基本的にはゴミ袋行きなのだが、ごく稀にお宝も発掘されるから大掃除は侮れない。あっと驚くブツを見つけのだ。そして発見した瞬間、しまった……と後悔の念にかられた。

それはフィリピン航空のバウチャーだった。手書きで僕の名前などが記載されているだけのペラ一枚だが、これがあれば同社の航空券に無料で引き換えられる。いわば金券のような、貴重な紙きれだ。

バウチャーには有効期限が書かれている。ところが、とっくに過ぎていた。いつか使おうと取っていたはずが、すっかり失念しているうちに失効してしまったわけだ。

なぜそんなものを持っていたかというと、話は今年初めに出かけたフィリピン旅行に遡る。年始休暇を利用して、ボラカイ島へ行ったのだ。セブあたりと比べると日本人にはまだ馴染みが薄い島かもしれない。一方で、アメリカの旅行雑誌のランキングで「世界一のビーチ」に輝くなど、欧米の旅行者には人気のリゾート地だ。白砂のビーチに、エメラルドグリーンの海という、絵に描いたような美しい南国の光景に心浮き立ち、リゾート気分を満喫したまでは良かった。事件は、その旅の帰り道で起こったのである。

ボラカイ島には空港がない。アクセスするには、隣のパナイ島にあるカティクラン空港を起点としつつ、渡し船で海を渡る方法がポピュラーで、僕もこのルートを取った。カティクランは小さな空港なので国際線は発着せず、マニラやセブから国内線に乗り継ぐ必要がある。僕はセブ経由で航空券を手配していた。つまり、帰りはカティクラン発セブ行きの便に乗る予定だった。

その日は飛行機移動だからと、余裕を持って船着き場へ向かった。20人も乗れば窮屈さを覚えるような小さな船だが、これを利用しない限りボラカイへは来られない。大きなスーツケースを持った外国人がバンバン乗り込んでくる。島と島の間に広がる海は凪いでおり、あまり揺れずにスイスイ進んでいった。

対岸に到着すると、トライシクルの客引きから声がかかる。パナイ島の船着き場から空港までは少し距離が離れており、荷物を持って歩いていくのは現実的ではない。陸海空を駆使した複雑な移動だが、一連の行程を往路で体験済みだったので、さすがに帰りは戸惑わずに空港まで辿り着いた。カティクラン空港の建物は、田舎空港にしては妙に小綺麗ながら、サイズはやはりこぢんまりとしている。中へ入ったらすぐ目の前がもうチェックインカウンターになっていた。違和感に最初に気が付いたのは、列に並び、カバンからパスポートを出しているときだった。周囲がやけにざわざわしていたのだ。

なんだろうか……と訝ったが、リゾート終わりのゆるゆる気分でいた僕は、このときはまだ暢気なものだった。列が進み、自分の番になって初めて、何が起こっているのかを知らされることになる。カウンターの女性スタッフは言った。

「飛行機がダイバートしたので今日は出発できません」

えっ……えええっ！　衝撃の事態だった。

詳しく話を聞くと、こういうことらしい。飛行機はセブとカティクランをピストン運航している。セブから飛んできた機材がそのままセブ行きの便になるのだが、ここへ来る途中でトラブルが生じて、別の空港に緊急着陸したのだという。代替機の用意がないため、フライトがキャンセルされた次第。

僕は動揺した。セブで乗り継いで、日本へ帰らなければならないのだ。このままボラカイにもう一泊するのは魅力的だが、予定が詰まっていた。飛びませんと言われて、はいそうですかと納得するわけにはいかない。

フライトボードを確認すると、別の航空会社にもセブ行きの便があるのを見つけた。あれに振り替えてもらえれば、なんとかなりそうだが、スタッフの女性はそれは無理だと首を振った。満席なのだという。本当かどうか疑わしいが、ないものを出せと要求するわけにもいかず、僕は天を仰ぐしかなかった。

結局、どうしたのか。ダイバート先の空港まで陸路移動して、そこから乗ってくれないかと提案された。移動手段はもちろん航空会社が用意してくれるという。時間的にもぎりぎりセブでの乗り継ぎ便に間に合いそうなので、言われるがままに従った。

急遽手配したバスがやってくるまで、空港近くにある航空会社のオフィスで待機した。その際、食事が提供されたのだが、近くのファストフード店からテイクアウトしてきたと思しきランチボックスだったのは、フィリピンらしいなあと思った。フライドチキンとフライドポテトにライス。フィリピンではお馴染みの組み合わせである。ハンバーガー屋のセットメニューになぜか必ずライスがラインナップされている国なのだ。

それを食べているときに、スタッフからもらったのが例のバウチャーだった。今回のお詫びとして無料で航空券を差し上げます、というわけだ。国内線限定だが、どの路線でも空きがあれば自由に予約が入れられるという。無料という言葉に滅法弱い旅行者だから、満更ではない気持ちになった。

さらには、バスで移動した先でも待遇を受けることになる。僕たちは空港ではなく、ホテルに連れて行かれた。飛行機の出発まで時間が空くからと、航空会社が部屋を取ってくれていたのだ。なんとアゴ、アシに加え、マクラ付き。我ながらゲンキンなもので、ここまでしてくれるなら、まあ仕方ないか、とすっかり懐柔されたのであった。

ダイバート先の空港があるのは、カリボという街だった。予備知識はまったくなかったが、パナイ島北部では比較的大きな街だと到着してから知った。通りはクルマの往来が激しく、のんびりした雰囲気だったカティクランと比べると活気に満ちている。

部屋があるとはいえ、真っ昼間から寝る気になれなかったので、待ち時間にカリボの街をぶらぶらしてみることにした。僕は外へ出て流しのトライシクルを呼び止め、市場へ連れて行って欲しいと頼んだ。土地勘がない場所では、とりあえずその地の市場を目指すと上手くいくことが多い。

運転手は目的地が漠然とした客に嫌な顔もせず、アテがあるのか迷いなく走り始めた。そうして乗って5分も走らないうちに市場らしき一画に到着。これなら歩いてでも来られたなあと思いつつ、料金を訊くと　8ペソだという。あら、安い。セブやマニラだとふっかけられてばかりだったから、観光地プライスではないことに内心小躍りした。

カリボの市場にはローカル感が漂っていた。昼下がりの気だるい時間帯だ。売り物の野菜に囲まれながら舟を漕いでいるおばちゃんのすぐ横を、やせっぽちな猫が通り過ぎていく。外国人の姿は珍しいのだろう。僕がパシャパシャ写真を撮りまくっていたら、俺を撮れと何度もアピールされたりもした。変に飾らないこの素朴な感じがどこか懐かしい。

ボラカイへの滞在は快適で極楽だったが、正直なところ少し物足りなさも覚えていた。見るべきところはないし、地元の人たちも観光客慣れしすぎており、どこか余所余所しかった。マリンアクティビティを楽しみたいなら絶好の遊び場だが、知的好奇心を満たしたい欲求には応えてくれない。リゾートに始まり、リゾートに終わる。そんなところだ。

翻って、カリボは対照的な場所だった。本来は訪れるはずのなかった土地である。結果オーライと言えるだろうか。今年は精力的にアジア各地を旅したが、カリボは中でもとりわけ印象に残った街の一つだ。そこへ至るまでの道中のエピソードが強烈だったせいもある。災いを転じて福となす。旅先での偶然の出合いは大切にしたい。

それにしても、もったいないのはタダチケットだ。いまさらどうにもならないのだが、なんだかとても悔しい。

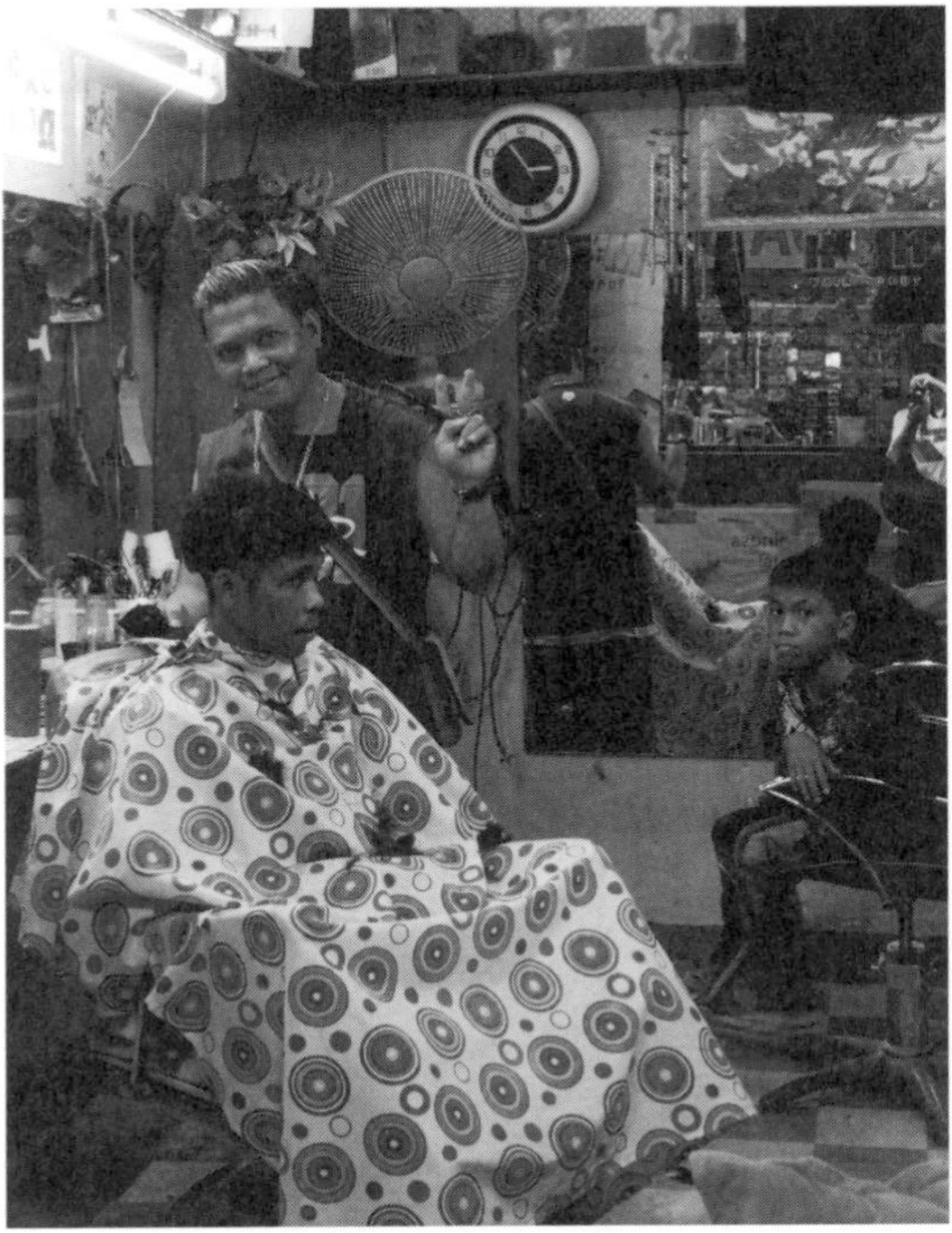

カリボの散髪屋さん。観光地巡りではなく、
人々の日常を垣間見るのもまた興味深い

## 34 ぼ ボーディングブリッジ

クアラルンプールへ到着したら、飛行機を降りるときにボーディングブリッジ付きで驚いた。ＬＣＣのエアアジアＸである。これまでは飛行機は沖止めだった。駐機場に下ろされた後はバスすら用意されておらず、ターミナルへは客がてくてく歩いて向かう形だったのを思い出す。

建物直結の方がやはり楽だ。近年はＬＣＣを利用する機会が増えた。ＬＣＣでは旅客ターミナルまではバスで移動するケースが多いから、稀にボーディングブリッジ付きだとそれだけでちょっぴり得した気持ちになる。

さて、クアラルンプール国際空港である。ちょうどこの年、新たなターミナル「ＫＬＩＡ２」が開業したばかりだ。従来のＬＣＣ専用ターミナルは廃止になり、エアアジア系航空会社をはじめとしたＬＣＣ各社はＫＬＩＡ２に発着することになった。要するに、ＬＣＣ用ターミナルがリニューアルされ、僕が乗ってきた飛行機もその新たなターミナルに着いたわけだ。

ボーディングブリッジ付きに変わっていたのは、最初に目に付いた分かりやすい変化に過ぎなかった。建物の中へ入ってみて、僕はさらに目をみはった。開放感のあるつくりに、妙に洗練された雰囲気。かつてのＬＣＣ専用ターミナルの素朴な面影は皆無なのだ。

しかもデカい。歩けども、歩けども、なかなかイミグレーションが見えてこない。窓の外を見下ろすと、無数の飛行機が建物からボーディングブリッジで枝葉のように接続されていた。それらのほとんどが、赤白ボディのエアアジア機である。

噂には聞いていたけど、まさかこれほどとは……と驚愕してしまう。真新しい空港とはいえ、所詮はＬＣＣ用だろうと見くびっていたのが正直なところだ。予想を上回る変化を見せつけられ、むむむと唸る。

各地で近年急造されたＬＣＣターミナルは、どこもいかにもという感じの簡素なものがほとんどだった。我が国でも関空や那覇の旧ＬＣＣターミナルがいい例だろう。必要最低限の施設に、無駄な装飾の類いは無し。客としては味気なさを感じつつも、安いから仕方ないかと割り切って利用するのが常識だった。

ＫＬＩＡ２は、それら既成のＬＣＣターミナルとは一線を画すようだ。普通の空港と比べてもそん色はない。それどころか、むしろ大空港の装いではないかと僕は感じた。

ショップやレストランも充実している。制限エリアには豪華な免税店はあるし、フードコートも座席数が多くリラックスできる。入国し、到着ロビーへ出ると、まるでショッピングモールのような華やかな光景で、呆気に取られた。街中のモールでおなじみのブランドが揃っているし、ＫＬＩＡエクスプレス（空港特急もＫＬＩＡ２に止まるようになった）の改札前にはなぜかユニクロまである。

スマホ用のＳＩＭカードを買おうとしたら、キャリアのショップがブティック然とした輝くような店構えなのにも戸惑った。前はカウンターだけの小さな店だったのだ。

一方で、こんなエピソードもあった。ＡＴＭでマレーシアリンギットを下ろしたときのことだ。最初に見つけた機械は故障していて使えなかった。２台目は故障こそしていないものの、中のお金が切れていて駄目だった。

アジアならではのツメのあまさが消失したわけではないらしい。どんなに進化・発展しても、多少は突っ込む余地が残っていてほしいと密やかに願う。

実はこの原稿はクアラルンプールからの帰りの機内で書いている。搭乗する直前——つい先ほどのことだが——には一悶着があった。空港に到着するのが時間ギリギリになってしまったのだ。

「出発20分前には閉まりますので急いでください」

搭乗手続きをしてくれた女性スタッフにそう言われ、僕は焦った。搭乗口はQ12。地図を見ると、これがかなり遠いところに位置していて途方に暮れそうになる。

チェックインカウンターがあるメインターミナルから、まずサテライトまで長い通路を移動する。搭乗口が並ぶエリアはそのサテライトからさらに先に縦長に繋がっている。

普通に歩いても結構な時間を要しそうだが、途中にはイミグレーションなども通過しなければならない。しかも手荷物検査がなぜか2回もあって、長い列ができていて気持ちが逸《はや》った。

Q12はこの空港でも最果てと言えそうだった。僕がよく利用するバンコクのスワンナプーム空港も搭乗口によってはかなり歩かされるが、歩行距離はあれ以上だ。ほとんど走るような勢いでゼイゼイ息を切らしながら向かい、なんとか間に合ったのであった。

以前のＬＣＣターミナルはこぢんまりとしていたから、多少ぎりぎりでも余裕だった。新しい空港には心浮き立つ一方で、巨大空港には煩わしさもつきまとう。まあ、時間に余裕を持って空港へ着くようにすればいいだけなのだが……。

旧LCCターミナルでは市内へ出るのにバスだったが、空港特急が開通して便利になった

## ジャカルタ

インドネシアの入国ビザが、２０１５年1月から撤廃されることに決まったという。そのニュースを見たのが、ちょうどまさにインドネシアから帰国した直後だったから、ちょっぴり損した気分だ。

ビザが必要といっても、到着時に空港で簡単にアライバルビザが取得可能だった。渡航前に取得しないで済むのは楽チンではあるが、料金がいささか高い。35ドルである。

空港内のビザのブースでお金を支払うと、専用のシールを渡される。それを持って入国審査に並ぶと、係官がパスポートに貼り付けてスタンプを押してくるわけだ。たかがシールに35ドルと思うと、なんだか馬鹿馬鹿しいのも正直なところだった。

ＬＣＣで旅をしていたせいもある。35ドルは乗ってきた飛行機代とほぼ同額なのだ。クアラルンプールから乗り継いで、ジャカルタへ行ってきた。LCCのお陰で東南アジア内は気軽に移動できるようになった一方で、ビザ料金が以前よりも煩わしく感じられる。ともあれ、これで少しは負担が軽くなりそうだ。あとはビザが必要なのもカンボジアぐらいか。

ジャカルタを訪れたのは、実は初めてだった。インドネシア旅行というと、どうしてもバリ島になってしまう。もしくは世界遺産のボロブドゥール遺跡がある、ジョグジャカルタあたりが定番だろうか。首都とはいえ、ジャカルタは観光的な見どころはあまりなさそうだし、治安が悪いという話もよく聞く。あえて行く理由もなかったので、これまで放置していたのだ。

初めての街を旅するのは、なかなか刺激的だ。目にする景色や口にするものなど、すべてが新鮮で、土地勘がないがゆえに探検気分が味わえるのがいい。街のランドマークとされる独立記念塔を見学したり、オランダ統治時代の面影を残すコタ地区を散策した。ジャカルタ観光のいわば王道ルートを堪能したわけだが、ベタなスポットを巡るだけでも十分に楽しめたのだった。

初めてだからこそ、色々と驚いたこともあった。たとえば、市内を走っている電車の車両。高架を走り抜けていくそれを見て、僕は目を疑った。

「あれ、どこかで見たような……？」

日本から輸入された中古車両だったのだ。「東陽町」などと行き先表示がそのまま残っていて、どこにいるのか分からなくなる。旅をしていると、世界各地で日本の中古車が現役で活躍している光景にしばしば出くわす。けれどそれらは自動車やトラックなどで、電車というのは珍しいのではないか。

言葉の壁が立ちはだかったのも、予想外の出来事だった。英語が全然通じないのだ。タクシーの運転手は数字すら分からず、筆談でなんとか意思疎通を図った。外国人も泊まる安宿街に近い小綺麗なレストランのスタッフでさえも、英語を喋れなかった。インドネシア語はアルファベット表記なので、メニューの内容がかろうじて理解できたので良かったが、読めない文字なら注文すらおぼつかなさそうだ。

バリ島のようにはいかないらしい。基本的に観光地ではないというか、インドネシアの中でもバリ島が特殊な存在なのかもしれない。東南アジアのほかの国々だと、首都レベルの都市ならば、片言でも英語を話せる人が多い。いつもの東南アジアの旅とは勝手が違うなあと感じたのだ。

タイやベトナム、マレーシアなどと比べると、インドネシアは島国という大きな特徴がある。インドシナ半島やマレー半島から離れており、立地的な特殊性も強い。ローカル色が濃いのは、そんな閉じられた環境も影響しているのだろうか。同じく島国から来た者としては、妙なシンパシーも覚えたのだった。

今回の旅には目的があった。JKT48のライブを見に行ったのだ。ご存じAKB48の姉妹グループである。AKB48のことはあまり詳しくないが、ジャカルタを拠点に活躍するJKT48には以前より興味があった。アジアのアイドル文化を追いかけるのが、我がライフワークの一つなのだ。

ライブの詳細なレポートは雑誌『DIME』の連載で書いている。ここでは違った話をすると、ライブを見に来ていた地元のファンの子たちが興味深かった。

JKT48は女性アイドルグループだ。それゆえ客の九割以上は当然のように男性だったが、インドネシアはイスラム教の国である。バスに乗ると、男女で座る席が分かれているような国だから、異性の華やかなアイドルに熱狂するさまがいまいち想像できなかったのだが……。

会場は超満員だった。チケットは抽選制となっているほどだ。デビューから3年、楽曲はインドネシアのチャートでもトップに入るほどの人気ぶりだという。48グループを海外展開するにあたり、タイや台湾ではなくインドネシアにターゲットを絞ったと聞いたときは、なぜだろうと不思議に思ったものだ。現場をこの目で見て、僕は納得したのだった。

来ていたファンは、見るからに年齢層が若かった。インドネシアは20歳未満が人口の35パーセントを占めるという。若年層の多さからも、ＪＫＴ48のようなアイドルグループのヒットの土壌があった事実を窺える。ちなみにライブの入場料は10万ルピアだった。日本円で約１０００円。ジャカルタの平均月収は約２５０００円というから決して安くはないはずだが、それだけのお金を払ってでも楽しみたい人たちがいるわけで、インドネシア人の娯楽へ対する積極的な姿勢も垣間見えてくる。

そういえば、以前に僕の友人が、お呼ばれしてジャカルタのクラブでＤＪをしてきたと言っていた。彼の地ではナイトシーンも結構盛り上がっているのだそうだ。その話を聞い

モナスと呼ばれる独立記念塔はジャカルタの見どころの1つ。
ユニークな造形が目を引く

たときにも、お酒が飲めないイスラム教の国なのに……と驚いたのを思い出す。

　これまでノーチェックだったが、インドネシアは意外と奥深く、おもしろそうだ。同じ島国でも日本の約五倍と国土は広く、知られざる名所がまだまだ眠っていそうな予感もする。近いうちにまた行ってみたいなあ。ビザもいらなくなったことだしね。

## 36 た 立ち寄り湯

駅の改札を出ると、街路樹がイルミネーションで彩られ、そのすぐ前にある花屋の店頭はポインセチアの赤色で埋め尽くされていた。そのまま近くの喫茶店に入り、いまこれを書いている。今日は12月11日。あっという間に来年になってしまいそうで焦る。

先週は沖縄へ行ってきた。引き籠もって原稿を書き上げようと意気込んでいたのだが、パソコンのＡＣアダプタを持っていくのを忘れるという大失態を犯し、ならば仕方ないと結局飲んだくれているだけで終わった。来週は台湾で、さらに年末年始はベトナムへの渡航が控えている。いずれも南国ばかり。冬の日本の寒さから逃避するように、つい南へ、南へと足が向く。寒いのは大の苦手だ。

この時期は南国に加えて、足繁く通う場所がある。温泉である。

近所に格安の入浴施設があって、仕事帰りにたまにフラリと立ち寄る。何の変哲もない地味目なこの街で、唯一自慢できそうな名物スポットと言えるだろうか。いわゆる銭湯を彷彿させるローカルな佇まいながら、いちおう天然温泉らしい。10回利用したら1回無料になるスタンプカードがあったりするような、庶民的な立ち寄り湯を想像して欲しい。

少し長めの海外旅行から帰ってきた直後に、この温泉で旅の疲れを癒すのも我がお約束である。外国にいると、少なからず日本が恋しくなる。最近は日本食が世界的にブームで、食事に餓えることは減ったが、お風呂まではなかなか望めない。広々としたお湯に浸かってリラックスすると、「ああ、日本はいいなあ」とシアワセな気持ちになるのだ。

国内旅行の際にも、各地で立ち寄り湯へ浸かってから帰ることが多い。都会でたまに見かける大型の温泉スパのようなところではなく、あくまでも立ち寄り湯が望ましい。安いし、お手軽だし、日本中どこへ行ってもほぼ必ず見つかるのがいい。つくづく、日本人は風呂好きな国民性なのだなあと思う。

最近はお風呂で外国人の姿を見かける機会が増えた。先週末に長野県の渋温泉へ出かけたのだが、湯船に浸かっていると英語が聞こえてきた。見た目はアジア系の男たちだったので最初は中国人かなと思ったのだが、訊くとシンガポールから来たのだという。

寒さから逃げるようにして常夏の東南アジアへ足を運ぶ日本人がいる一方で、その寒さに憧れて逆に彼の地から日本へやってくる人たちがいる。「雪が見たい」というのは、彼らが日本を目指す動機になっていると聞く。お互い、無い物ねだりなのだなあ。

渋温泉へ行ったのは、イベントに参加するためだった。その名も「温泉音楽」という、冬ならではの音楽フェスが同地で年に1回開催されている。老舗温泉旅館の大広間に特設ステージが設けられ、浴衣姿で酒を飲みながらマッタリ演奏を楽しめる。音楽好き、そして温泉好きにはたまらないフェスだ。

その旅の帰りに、近くにある地獄谷野猿公苑へ立ち寄った。野生のニホンザルで有名な、昔からある観光地だが、近年改めて脚光を浴びているという。ブームのきっかけは外国人旅行者だ。地元の人いわく、スキーついでに訪れたオーストラリア人のクチコミで知れ渡った。いまでは外国人が行きたい日本の名所ランキングなどで必ず上位に入るほどで、それを知った日本人の間でもいまさらながら話題になり始めている。

行ってみて、本当に外国人だらけでビックリした。というより、日本人よりも外国人の方が遥かに多い。雪の山道を片道約40分歩いて行くのだが、登山道の入口にはこんな山奥になぜ……と疑問を抱きたくなるような、オシャレなログハウス風のレストランが立っていた。RAMENや、California Rollが食べられる。メニューは完全に英語だし、注文を取る店員さん（日本人）にも英語で話しかけられて戸惑った。こちらが日本人だと分かると、日本語に変わったが、「ここでは英語の方が通じるから」だそうだ。

ここのサルたちが人気を集めているのはなぜか。実は、温泉に入るサルなのだ。それも1匹、2匹ではなく、何10匹ものサルたちが湯船を占拠しているから圧巻だ。元々赤いサルの顔が、さらに真っ赤になっていた。温泉が気持ちいいのは人間もサルも同じらしい。周囲の真っ白な雪の景観も風情を醸し出す。露天風呂に浸かりあったまるサルの群れ。噂には聞いていたが、実物をこの目にして、ドカンと大きな衝撃を受けたのだった。

地元の人に訊くと、サルたちが温泉に入るのは、真冬の寒い日に限られるのだという。普段、晴天で太陽が出ているときは、日光浴をして暖をとる。曇り空や、それこそ雪が舞っているような日に、日光の代わりに温泉の熱であったまろうとここへやってくるらしい。

「今日は寒いから温泉にでも行こうか」

サルたちもそんな会話をしているのだろうか。ここは彼らにとっての、立ち寄り湯というわけだ。

ちなみに、人間が同じ湯船に一緒に浸かることはできない。悔しいけれど見学のみ。とても長時間はいられない極寒の屋外で彼らの至福の表情を写真に収めていると、だんだん羨ましくなってきて、下山後、人間用の立ち寄り湯に入ってから帰路についた。

雪景色の露天風呂。あたたかくて気持ちいいだろうなあ……見ていて羨ましくなった

# 夢

もう10年以上も前の話になるが、チベットを旅していたときのことだ。ガイドブックに「野犬に注意」と書かれていたのを読んで眠りについたら、犬に噛まれる夢を見て「うわあああ」と情けない声を上げながら飛び起きた。隣で寝ていた奥さんは、何事かと驚いたらしい。夢の内容なんてすぐに忘れてしまうものだが、あまりにお馬鹿な展開で、いまでも我が家で語り草となっている。

僕はよく夢を見る。ほとんど毎日と言っていい。内容は様々だし、すぐに忘却してしまうのだが、旅をしている夢がとにかく多い。旅先で寝ていても、またどこか別の場所を旅する夢を見たりする。犬に噛まれる、なんて悪夢にもしばしば見舞われるが、夢の中でも大好きな旅にまみれていられるのは幸せなことなのかもしれない。

新年最初の原稿である。初夢は幸いなことにいい夢だった。ディテールまではもはや覚えていないが、それを見たのはベトナムのハノイだった。つまり、年越しの地はハノイだったわけだ。

年末年始は例年どこかへ出かけている。今年は暦の日並びが良く、計9日といつもより少し長めの旅となった。ベトナムだけで9日間。普段の週末海外ならば3日で訪れるような国をじっくり旅するのは新鮮だった。

カウントダウンの瞬間は旧市街から近いホアンキエム湖を目指した。現地で聞き込みをしたところ、花火が上がったりして華やかだという情報を得たからだ。

夜の11時頃、ホテルを出て湖へと歩いて行くと、ドカドカ音が聞こえてきた。何だろうかと音が鳴る方角へ吸い寄せられてみると、ものすごい人だかりができていた。ステージの上には巨大なスクリーンが複数機設置され、カラフルな照明やレーザー光線がビカビカと闇夜を彩っている。DJがノリノリで音楽をかけ、ビートに合わせて人々が体を揺らす。かかっている音楽は、BPMがやたらと速い、四つ打ちのダンスミュージック。そう、ハノイのカウントダウン会場は、屋外クラブ状態だったのだ。

広場には赤地に黄色い星があしらわれたベトナムの国旗がはためき、ステージ後方には元々この広場に設置されていたであろう銅像が鎮座している。同国の偉人の像だが、それが光に照り返されて浮かび上がっているさまはなかなかシュールだった。

街の中心部の、ここぞランドマークと呼べるような地で、爆音をかき鳴らしながらのお祭り騒ぎ。東京で喩えるなら、上野公園の西郷さんの像の前でパーティをしているような、そんな無礼講が許されるのはなんだか羨ましい。

そうこうしているうちに、カウントダウンの瞬間が近づいてきて、スッと音が鳴り止んだ。ステージ上には、煌びやかな衣装に身を包んだ女性がマイクを手に現れる。数字をコールする人かなと思ったら、彼女は歌手だった。ここでまさかの歌唱タイム。演歌調のコブシが利いたローカル楽曲を歌い上げる。DJによる上げ上げムードから一転、しんみりとした雰囲気になって戸惑った。

彼女が一曲を歌いきったのと同時に、今度こそカウントダウンが始まった。スクリーンに50という数字が表示され、49、48……と数字が若返っていく。いよいよだ！　と興奮しながらそれを追っていると、34まできて表示がブラックアウトした。そうしてなぜか再び

50に戻って、49、48とカウントがやり直しになった。どうやら時間を間違えたようで、ずっこけそうになる。

表示が10を切ると、会場のボルテージも最高潮に達した。数字をコールする大観衆の声に鳥肌が立つ。同時に、ベトナム語で数字を何て言うかぐらい予習しておけば良かったと後悔。日本語でじゅう、きゅう……と僕も声を張り上げながらフォローしていると、みんなが叫ぶ声とスクリーンの表示速度がまったく合っていなくて、あわあわしているうちにゼロになって、新年になってしまった。色々と詰めが甘いなあと苦笑いを浮かべつつも、アジアらしい年越しは満更ではなかった。

というわけで改めて新年である。いい夢をたくさん見られますように。

## 38 め メモ

「旅行中はメモは取りますか？」

何かのインタビューでそんな質問を受けたことがある。旅に関する雑文を書き散らかすのを生業としているから、いわゆる取材メモをどうしているのかという意味だ。

結論から言えば、僕もメモは取る。本稿のような短いものなら、それらを見直すことはほとんどないが、旅行記などストーリー性のある原稿に取りかかる際にはメモがあるとやはり助かる。もっとも、メモを元にしながら書くようなやり方はしない。記憶を繙《ひもと》きながら書き進めていく中で、不明瞭なことがあった場合に確認するためのメモである。

近頃は、以前よりもメモに頼る機会が増えた。認めたくはないが、歳と共に記憶力が衰えてきたからかもしれない。旅に出る頻度が高まったせいで、脳内の情報が次々に更新され、メモに残しておかないと記憶がすぐに上書きされてしまうという嬉しい悩みもある。

基本はｉＰｈｏｎｅやｉＰａｄなどで、テキストデータとして書き留めるが、状況次第で手書きのメモも併用している。とくに治安に難のある地域を旅する際には、ペンとノートは必須だ。盗難のリスクを考えると、人前でスマホなどを取り出すのが憚られるシーンも巡ってくる。正直面倒だが、これればかりはやむを得ないだろう。紙に書いたメモも、帰国後にスキャンしてデータ化し、テキストのメモと一元管理するようにしている。

とはいえ、メモの内容は大したものではない。最も多いのは数字だろうか。食事や買い物の値段、列車の発車時刻など。旅先で知り合った人の名前や年齢も定番だが、旅行記で再現する際には仮名を用いたりもするので、それらはそこまで重要ではないかもしれない。

いずれにしろ、日記のように事細かく記したりはしない。いつ、どこへ行って、何をしたかは撮った写真を見ればだいたい分かる。印象的なエピソードであれば、わざわざメモに残さずともさすがに忘れない。だから書き留めるのは、そのときに感じたことや、誰かと話した会話内容などが主体となってくる。

たとえば直近のベトナム旅行で取ったメモを見直してみると、こんな一文があった。

「大教会前で自撮り棒。画期的すぎる」

ハノイを訪れた際に、教会の前で夫婦で記念写真を撮ったのだが、そのときに自撮り棒の便利さにいまさらながら感心させられた、という意味のメモである。

伸び縮みする一脚のような棒の先にスマホを取り付けて自撮り、つまり自分撮りをする。「セルカ棒」などとも称されるこのツールが旅先で大人気である。ブームの火付け役は韓国らしいが、アジア全域、もちろん日本国内でも最近はよく見かけるようになった。液晶画面でアングルを確認できるので、好みの写真が簡単に撮れるのが利点だ。

「シャッターを押してもらえませんか？」

通りすがりの旅行者にそうお願いしても、残念な写真になることが少なくない。とくに欧米人旅行者に頼んでよく起こりがちなのが、自分たちはバッチリ写っているけど、自分たちしか写っていないケース。背景の教会や遺跡などが切れてしまうと記念写真の意味がないと思うのだが、これは本当に非常に多い。

それゆえ、流行りに便乗する形で我が家でも自撮り棒を導入してみたのだ。実に取るに足らない話なのだが、些細な出来事ほど忘れがちなのでメモに残すようにしている。

「HSBCのATM、50万の端っこ欠け」

ほかにも例を出すと、こんなメモも。ATMでお金を下ろしたら、なんとお札が切れていたのだ。切れ目が入っていたのではなく、お札の端っこがスパッと切れて欠けていた。50万とは、50万ドン札のことで、ベトナムでは最も高額な紙幣になる。日本で喩えるなら、1万円札の端が欠けていたような感覚で、「あちゃあ」と僕は頭を抱えた。

ツアー会社に代金を支払うのに、カードが使えないと言われ、店の前のATMで下ろしたお金だった。シレッとそのお札を差し出したら、案の定お店の人は眉をひそめた。

「銀行に持っていけば交換してもらえます」

と言われたが、それをするのは考えただけで気が重いし、そもそも時間がなかった。

「お店の前の機械で下ろしたやつだし……」

涙ながらに交渉し、なんとか受け取ってもらったのだった。うーん、これも我ながら些細な出来事だなあ。ベトナム旅行はハプニングの連続だったから、こういった小さなエピソードがメモには数多く記されている。いずれ旅行記を書く際に役に立つといいのだけれど……。

# モーターバイク

オートバイのことを英語ではMotorbike、もしくはMotorcycleと呼ぶ。これら二つはどんな違いがあるのか。気になって調べてみると、Motorbikeはアメリカ英語で、Motorcycleはイギリス英語なのだという。Motorbikeはいわゆるスクーターのような小型のものを指すこともあるらしい。いずれにしろ、大きな違いはないようだ。

僕は旅先でよくバイクを借りる。「Motorbike for rent」などという看板を掲げる店はどこへ行っても見つかる。足があれば、好きなときに好きなところへ行けるようになる。レンタカーほど大げさではなく、一人旅でも気軽に利用できるのもいい。

先週は台湾にいて、馬祖島へ行ってきたのだが、そこでもバイクを借りた。台湾の離島の一つだ。地図で見ると、台湾本島よりも中国大陸の方が近い。というより、中国大陸にほとんどへばりつくような位置にあるのだが、台湾が実効支配している。要するに国境の島であり、辺境の島である。

そんなところだから、バイクなんて借りられるのだろうかと心配していたのだが、しっかり用意されていた。それも空港内の観光案内所で貸し出ししていて驚いた。

「モーターバイクありますか？」

カウンターの女性には英語が通じた。彼女が携帯でどこかへ電話をかけると、5分も経たないうちにどこからともなくおばちゃんがバイクに乗って空港まで来てくれた。半日借りて300元。パスポートのみ提示すればOKで、免許証は求められなかった。

島旅のお供はバイクに限る。自転車も楽しそうだが、馬祖島は山がちな地形でアップダウンが多いので、少々しんどいかもしれない。

まずはぐるりと1周してみる。30分もあれば走破できる小さな島だ。山を越えると逆サイドの海岸に出る。潮風を浴びながら、海沿いの気持ちのいい道をゆるゆる走った。季節外れだから風はいささか冷たい。

離島ならではのダイナミックな自然に目を奪われる。100年以上も前に建てられた民家がいまもそのまま残っている集落は、最近見た中でも指折りの絶景だった。島内の交通量はめちゃくちゃ少ないから、気楽なものだ。走行中に少しぐらいよそ見しても、危険な目に遭うこともない。

案内所でもらった地図を頼りに、島内の主要スポットを一通り見て回る。なんと日本語版の地図まで用意されていた。こんな島に観光しに来るモノ好きな日本人がいるのだろうか——自分のことを棚に上げて首を傾げてしまうのだった。

島に一軒だけあるコンビニで飲み物を買おうとすると、迷彩服を着た若い男が雑誌を立ち読みしていた。兵役でこの島に配属されたのだろうか。店の前には、スマホをいじりながら談笑している若者たちの一団も。みんな迷彩服で、男性だけでなく、女性の姿も見かける。身なりこそ物々しいものの、張り詰めた雰囲気とは無縁だ。彼らの表情は穏やかで、台北の街中で目にする若者たちと大差ない。

ここは、かつての最前線である。内戦に敗れ、台湾へ逃れた国民党政府は、台湾海峡を挟んで中国共産党と対峙した。島には戦車や、砲台跡が残されている。台湾と中国の関係が改善したいまも、軍事上の重要拠点であることに変わりないはずだが、緊張感のようなものは僕には感じられなかった。むしろ、牧歌的と形容したくなるほどだった。

同じような島としては、金門島が挙げられる。中国大陸の厦門から目と鼻の先の距離にありながらも台湾領となっている。ここも歴史に翻弄された島だ。金門島は日本のガイドブックにも紹介されているので、旅行者にとっては馬祖島よりもメジャーと言えるかもしれない。

最初は金門島に行こうか迷った。結果的に馬祖島に決めたわけなのだが、帰国して早々に衝撃のニュースが台湾から届いた。復興航空の金門島行きの台北発の飛行機が、離陸直後に墜落してしまったという。

僕は事故機と同じ松山空港から馬祖島へ飛び立っていた。そういえば、すぐ隣の搭乗口が金門島行きの便で、「キンメン」というアナウンスをたびたび耳にしていたのも思い出す。一歩間違えば、自分が巻き込まれた可能性だって考えられる。他人事ではない。

復興航空は昨年も墜落事故を起こしていた。これまた台湾の離島、澎湖島行きの便で、機材は同じＡＴＲ７２である。ちなみに僕が馬祖島まで乗った飛行機も、やはりＡＴＲ７２だった。実は馬祖島へ行くにあたっては、澎湖島の一件が頭を過ぎり、かなりビクビクしながら飛行機に乗り込んだのだ。

さらには、この機体はラオスでもメコン川に落ちたことを僕は知っていた。ビエンチャン発パクセ行きのラオス国営航空の便だ。昨年ラオスへ行った際に、僕はまさにそのルートをフライトしたのだが、事故の記憶も新しいから、恐ろしくて生きた心地がしなかった。

これだけ旅ばかりしているくせに、飛行機は得意ではない。正直に書くと、いつもビビりながら乗っていたりする。近頃は大きな事故がとくに多い気もする。ああ、いやだ、いやだ。できれば飛行機にはあまり乗りたくない。でも、飛行に乗らないと旅はできない。情けない話だが、ジレンマである。

馬祖島のバイク旅について書き始めたが、台湾の離島となると、いまのタイミングでは事故の話題に触れないわけにはいかなかった。亡くなられた方々のご冥福をお祈りします。

馬祖島は「台湾のエーゲ海」などと噂される。
海沿いに石造りの家々が立ち並び絵になる

旅行前はいつも色々と新調したくなる。着ていく服だったり、街歩き用のカバンだったり、カメラのレンズだったり。ついつい財布の紐がゆるむ。なにか一つでもおニューのグッズが加わるだけで、その旅に彩りが添えられる気がするのだ。まあ、旅を買い物の口実にしているだけとも言えるが……。

ただし、旅行前に新調するのは適切ではないものもある。靴である。買ったばかりの靴で旅をするのはオススメしない。実は過去に何度も失敗を繰り返してきた。どんなに履きやすい靴であっても、履き慣れていないと足が疲れる原因になってしまう。

以前にフランスを旅行しているときに、ワケあって急遽靴を買い換えたことがあるが、履き換えた途端に明らかに歩きにくくなって困惑した。激しい靴擦れに足が猛烈に痛み、歩行するだけでしんどい状態に陥った。慣れない石畳の道に、初めて履いた靴で挑むなんて自殺行為だったなあと反省したのを覚えている。

旅行用の靴選びは案外難しい。洋服と違って、靴は何足も持っていくわけにもいかないからだ。予備を持参するとしても、せいぜいサンダルぐらいだろう。だから、これぞという一足を厳選することになる。

行き先にもよるが、世界には舗装されていない悪路も多く、そういうところだと小綺麗すぎる靴だとむしろ似合わない。砂埃が舞い、雨が降って地面がぬかるんでいたりする。日本を出たときにはピカピカだったのに、現地に着いて一日もしたらドロドロになっているのを見ると悲しくなる。旅に履いて行くのなら、多少ボロいぐらいのほうがいい。

逆に、状況によっては綺麗目な靴を求められるケースも考えられるだろう。予約して訪れるようなレストランに、小汚いスニーカーでずかずか入っていくのは憚られる。そういう店を利用する機会は自分の旅ではそれほど多くはないものの、ゼロではない。革靴まではやりすぎとしても、こざっぱりとしたものの方が望ましいのは確かだ。

歩きやすくて、汚れても目立たなくて、それなりに清潔感の漂う靴。そんな都合のいい靴があるだろうか――ずっと探してきたのだが、ある日、自分なりに満足のいく一足に出合った。メレルというアメリカのメーカーが販売している、「ジャングルモック」という靴である。日本でもそこそこ有名なメーカーなので、説明は不要だろうか。

ジャングルモックは、同社の商品の中でも15年以上の長きに渡って販売され続けているロングセラーモデルだ。僕の周りの旅仲間にもこの靴の愛好者は多い。とある旅人系家飲みの際に、みんなで集まったら、玄関に同じ靴が何足も置かれていて驚いたこともある。

靴紐がなく、そのままスポッと足を入れるタイプ。スリップオンと言うらしいが、履いたり脱いだりするのが楽チンなのがまずいい。撥水仕様でアウトドア向きだが、スウェード仕立ての外見は、いざというときにぎりぎりフォーマルでも対応できる。タウンユースから山歩きまで、シーンを選ばずに活用できる万能さが人気の秘密と言えるだろうか。

なにより惹かれるのが、抜群の歩きやすさだ。もう快適の一言なのだ。しっかりめのソールで長時間歩き続けても疲れにくく、靴を履いているのを忘れるほど。一度これを履き始めると、もうほかの靴には戻れない。

あんまり褒めちぎると、怪しまれそうだが、別にメレルからお金をもらっているわけではない。純粋にお気に入りであり、いつか紹介したいなあと思っていた。僕なんかが書かずとも、旅人の世界では定番中の定番靴であるが、書かずにはいられなかったのである。

ちなみに男性用だけでなく、女性用ももちろん用意されている。女性の靴事情は正直よく知らないが、うちの奥さんもまったく同じ靴を愛用している。というより、彼女は約一年半の世界一周の際に、最後までジャングルモックを履き続けていたほどで、僕よりもオーナー歴は長かったりする。男女問わず支持を集める靴というのも貴重かもしれない。

靴は旅における最重要アイテムだと思う。旅道具というと、スマホやカメラといった最新のハイテク機器にばかり注目が集まりがちだが、それらよりも投資する価値はずっと高い。地味ながらも、決しておろそかにはできない存在である。どんな靴を選ぶかで、旅の様相は変わってくる気さえするのだ。

40 く
靴［くつ］

≫

41 つ

# ツアー

一昨日、台湾の天燈へ参加してきた。元宵節に合わせて開催される伝統行事の一つで、夜空に向かって一斉に熱気球を放つ。

美しい光景には大いに感動したのだが、祭りそのものとは別に気になったことがあった。会場内でやたらと日本人の姿を見かけたのだ。前後左右から日本語が聞こえてきて、ここは日本なのではないかと錯覚したほどである。台湾は元から日本人に人気の旅先ではあるものの、別格というか、ちょっと異常な事態に思えた。

調べてみると、天燈を観に行くツアーが多数企画されていたことが分かった。大手旅行会社の多くが実施しており、日本からだけでなく台北発着の（日本人向け）現地ツアーも見つかった。以前はそれほど知名度のない祭りだったはずだが、いつの間にかブームになっていたらしい。

祭りが開かれる平渓までは、ツアーに参加せずとも個人で簡単に訪れることができる。列車があるし、台北市内から会場へ直行する臨時バスも運行している。バスの運賃はたった五十元だ。熱気球の打ち上げ自体も、当日配られる整理券を手に入れれば無料で誰でも参加できる。外国とはいえ、ほぼ日本語オンリーでも何ら問題はない。だから、ぶっちゃけツアーで行くメリットはあまりなく、金額的にもかなり割高なのだが、そういうことを言うときっとまた怒られるのだろうなあ。

まあでも、こういう目的が明確なツアーはまだいい。人によっては利用価値があるだろうし、むしろ理想形の一つとさえ言える。

いい機会なので、ツアーについて僕の考えを少し紹介する。別に個人旅行ばかりを礼讃するわけではないし、ツアーを毛嫌いするわけでもないのだ。これは過去にも何度か書いてきたことだが、問題は内容が漠然としたツアーが多いことである。具体的には、ただ単に安さだけをアピールしたようなツアー。

旅行会社の宣伝広告を見ると、「ハワイ39800円!」「香港29800円!」といった感じで金額がやけに強調されている。肝心の内容には触れず、数字だけがとにかくドカンと大きく掲載されていることも珍しくない。まるでスーパーの特売チラシのようなレイアウトの広告を前にしたら、どうしても値段で選んでしまうのが消費者心理だろう。

ところが、安いツアーには安い理由がある。罠が潜んでいると言ってもいい。フライト時間が非効率だったり、ホテルが場末だったり、免税店に無理矢理立ち寄らされて時間を無駄に浪費したり。そういうことを承知のうえで割り切って利用するならいいが、期待を裏切られた人は「こんなものかな」と海外旅行の魅力に気がつかずに終わってしまう。よく言われる「海外旅行離れ」の遠因にもなり得る気さえするのだ。ツアーを選ぶ際には、価格にばかり囚われるのは止めた方がいい。

振り返れば、初めて台湾を訪れたのは、まさにそんなツアーでだった。学生時代の旧友と二人で、安さに目が眩んで参加したのだが、以来その手の格安ツアーは一度も利用したことがない。やはり不満を感じたのだ。身勝手なのかもしれないが、団体行動が苦手だったし、少なからずストレスがたまった。

自分の好きなように旅を組み立てて、行きたいときに行きたい場所へ行きたい。航空券を手配したり、ホテルをどこにするか選ぶという一連の準備にこそ、旅の醍醐味が詰まっている。ワガママなのだろうか。すべてを自分の思う通りにしたい発想で臨むと、どうしても個人旅行になびいてしまう。

僕もしばしばツアーも利用する。でも、それは特定のシーンに限定される。個人では行きにくい場所や、時間効率を優先する旅などではツアーの利点が生きてくる。

たとえば、ある年に年末年始をサハラ砂漠で過ごした際には現地でツアーに参加した。世界中から旅行者が集まるトップシーズンのため、個人ではホテルがまったく取れなかったからだ。いずれにしろ、砂漠のような辺境の地を旅するとなると足の問題も出てくる。レンタカーもアリだが、道に迷うリスクを考慮し、あえてツアーを選んで正解だった。

ほかにも、南米のウユニ塩湖からアンデス山脈を南下してチリへ抜けるツアーも有意義なものだった。同じルートに公共の交通手段がないため、ツアーしか選択肢がなかったせいもある。険しい高地の旅を共に過ごしたガイドさんやほかのツアー参加者には戦友のような仲間意識を抱き、仲良くなったのはいい思い出だ。旅の行く末がメンツに左右されるのもツアーならではと言えるだろうか。

41 つ ツアー［つあー］

42 あ

# 甘いもの

お酒は飲むが、甘いものも食べる。旅先ではいずれも欠かせない。どちらか一方だけとなると、近頃は案外後者を選びがちだったりする。お酒の味は想像がつくが、その地ならではの甘いものは食べてみないと分からないからだ。もしかしたらスイーツ観が変わるほどの衝撃的な美味しさかもしれないと思うと、食べ逃して後悔したくない気持ちが勝る。

かつて世界一周したときに、各地でウマイものをたらふく食べた。中でもスイーツ部門の栄えあるマイベストは、パリの「アンジェリーナ」で食べたモンブランだ。ルーヴル美術館のそばにある老舗のケーキ店である。当時バックパッカーとして旅していた自分には、少々思い切りが必要なお値段だったが、あまりに気に入って滞在中複数回通ったほどだ。行ったらモンブランが売り切れていたこともある。仕方なく別のものを頼んだのだが、それはそれほど感激しなかった。お店そのものというよりも、モンブランが際立って我が琴線に触れたのだろう。

パリを発つときには、もうあのモンブランが食べられないのか……と後ろ髪を引かれる思いだったが、その後なんと意外なところで再会することになる。アンジェリーナは日本へ進出していたのだ。しかも驚くことに、自宅から徒歩圏内の至近距離に支店があった。大喜びしたことは言うまでもないが、食べようと思えばいつでも食べられるとなると、案外ありがたみがなくなってくる。最初のうちこそ足繁く通っていたものの、徐々に足が遠ざかっていった。そうこうするうちに、いつの間にかその近所の支店は閉店してしまった、というのが話のオチである。

世界一周から帰国後も、引き続きウマイもの探求の旅を続けてきた。同時に自分の中でのスイーツランキングも都度更新されているわけだが、つい最近、1位が入れ替わる事件が起こった。

場所は台南である。台湾の古都である台南は、かの国随一のグルメな街としても知られる。そういえば、担仔麵の超有名店「度小月」の本店などもこの街にある。台湾自体ウマイものだらけだけれど、台南はちょっと別格というか、本当に何を食べても外れがない。行くと確実にデブ化が避けられないレベルの美食タウンなのだが、この街で衝撃的な出合いがあった。

蝦捲という、台南のご当地メニューを食べにいったときの話だ。海老の春巻きに衣を付けて揚げた料理なのだが、それを腹一杯食べて外へ出ると、美味しそうなプリンの写真を掲げる店を見つけた。「依蕾特」というスイーツ専門店だった。甘いものは別腹とはよく言ったものだ。たったいま食事——それも揚げ物だ——をしたばかりだというのに、僕は我慢できなくなった。

というわけで、そのプリンをテイクアウトして食べてみたのだが、これがもう呆然とするほどウマい。とろとろあまあまではなく、身がギュッと詰まったタイプの濃厚なプリン。カラメルソースも決してしつこくはなく、後を引く大人っぽい味わい。ペロリと平らげ、参りましたと白旗を揚げる。

挙げ句の果てには、お代わりまでしてしまった。やっぱりもう一つください、とお店のお姉さんに再び注文しに戻るのは恥ずかしかった。スタンダードなカスタード味のほかにもマンゴー味がラインナップされていたので、２個目はそれにしてみたら、甲乙付けがたいウマさ。スイーツランキングの中でも、プリンに限定すると、ハノイにある「ミンシー・プディング」という店のマンゴープリンが不動のトップだったが、あれを越える逸品に出合った。

この店こそ、近所にあったら毎日のように通いたいところだ。せめて台北に支店があればチャンスが広がるのになあ……と遠い目をしていたら、気になる宣伝広告が掲示されていた。プリンと共にTAIPEI 101のイラストが描かれている。台北のランドマークとしてお馴染みの高層ビルである。おおっ、これはもしかして台北の支店を告知する内容かもしれないと想像し、お店のお姉さんを問い詰めてみる。

「これは、いままでに販売したプリンを全部積み重ねたらTAIPEI 101よりも高くなるという意味です……」

なるほど、そうなのね。あいにく台北には支店はないとのこと。ガッカリである。

ちなみにTAIPEI 101は地上５０９・２メートルもある。それよりも上とは想像を絶する高さだ。さらなるプリンの高さ記録更新に貢献するべく、また台南へ来ようと心に誓った。

# ノイシュバンシュタイン城

平成の大修理を終え、一般公開が再開された姫路城が話題になっている。白鷺城の別名に恥じない真っ白な天守は、改装を終えたばかりのいましか見られないのだという。姫路城にはこれまで二度訪れているが、近いうちにまたぜひ行きたいと思っている。

歴史好きなので、お城巡りは我が旅における重要なテーマの一つだ。国内はもちろんのこと、海外でもお城があると聞くとつい足が向く。同じ歴史建築物でも、教会やモスクといった宗教系の施設よりもお城のほうがより惹かれるものがある。これぞ男のロマンという感じがしてワクワクするのは、きっと僕だけではないだろう。

昨年の秋には、念願だったノイシュバンシュタイン城を訪れることができた。ドイツ南部のフュッセンという街の郊外に位置する、白亜の山城である。あのディズニーランドのシンデレラ城のモデルだとも言われている。

僕が最初にその存在を知ったのは、たぶん小学生の頃だ。お城の写真のジグソーパズルをつくった記憶がある。当時ゲームばかりしていた僕は、「ＲＰＧに出てきそうなファンタジックな城が実在するのだなあ」とぼんやり考えたぐらいで、その名前すらろくに把握していなかった。覚えにくく、そして覚えても言いにくい名前だといまでも思う。ノイシュバンシュタイン城――発音すると舌を嚙みそうである。

ヨーロッパの古城としては、おそらく世界一有名なのではないだろうか。なにせ小学生でも知っているぐらいだ。名前はわからずとも、写真を見れば誰もが「ああこれか」と納得するに違いない。

この手の人気観光地は要注意である。世界中から人が集まるがゆえに、混雑は避けられない。行ってみると、案の定ものすごい人出で、入場券売場には長蛇の列ができていた。念のため事前にネットから予約をしておいたので並ばずに済んだのだが、もし予約をせずに訪れたなら、行列を目にしただけで断念したかもしれない。

緑に囲まれた小高い山の上に屹立する、中世の風情たっぷりの壮麗な城――訪れる前はそんなイメージが自分の中で先行していた。ところが実際にこの目にしてみて、ぜんぜん違う感想を抱くことになる。

まず、そもそも「中世」というところからして間違っていた。ノイシュバンシュタイン城が建てられたのは19世紀で、すでに中世は過去のものとなっている。

にもかかわらず、勘違いしてしまうのには理由がある。お城を建てたルートヴィヒ2世は、中世へ対する憧れを強く抱いていた人物だった。当時としては懐古趣味とも言えそうな造形をしているのは、彼のそんな個人的趣向が強く反映されているからだ。建設された時代こそ中世ではないものの、中世ヨーロッパのお城をイメージしてつくられたというわけだ。

観光の際には、入口でオーディオガイドが渡され、順を追って内部を見学していくのだが、城を建てたルートヴィヒ2世の人物像にフォーカスした内容になっている。この人がちょっと、いやかなり変わった人物であることに僕はにわかに興味を抱いた。

若くしてバイエルン王国の王となったルートヴィヒ2世は、政治よりも芸術へ対する関心を募らせていく。そのことは、ワーグナーに心酔し、彼のパトロンとして多額の資金援助を惜しまなかったというエピソードからも窺える。道楽者と言ったら元も子もないが、少なくとも王としての自覚を持ち、積極的に治世へかかわろうという姿勢ではなかった。

ルートヴィヒ2世の中世への憧れはどんどんエスカレートしていき、遂にはお城を建てることを思い立つ。それがノイシュバンシュタイン城である。

普通はお城と言えば、土地を治めるシンボルとして、あるいは外敵に備えるための要塞としての役割を担うものだが、このお城にはそういう実用性はなかった。あくまでも城主であるルートヴィヒ2世の作品であり、彼の趣味の世界を具現化したものなのだ。

城の建築様式がとにかく多様であることにも驚かされる。ゴシック、ロマネスク、ビザンチンなどが混在しており、「全部入り」といった感じ。城内に設えられた調度品の類いはやたら豪華だし、贅をつくしたつくりにため息が出そうになるが、どこかまとまりのないちぐはぐな印象も受ける。

国家運営を放り投げて夢の城で現実逃避をしていたルートヴィヒ2世だが、彼を待ち受けていたのは悲劇だった。狂乱する王に愛想を尽かした政府により彼は精神病を宣告され、居城を追われてしまう。そしてなんとその翌日には、湖畔で水死体となって発見されたというから憐れな末路である。
ノイシュバンシュタイン城はそのロマンティックなビジュアルとは裏腹に、いわくつきのお城だった。いま風の言葉で言えば、頭の中がお花畑だった王によりつくられた夢想の産物。そのことを知ると、見方を変えざるを得ないのであった。

今回は珍しくお堅めの話になったが、怠け者の旅人だってたまには真面目に観光もする、ということで。

秋のオクトーバーフェストの季節に訪れたら、紅葉も始まっていて美しかったなあ

44 う

# うたた寝

うららかな季節のせいなのか、最近眠くて仕方がない。とくにお昼ご飯を食べて、仕事に取りかかろうとすると決まって眠くなる。ＰＣの画面に向かっているうちにウトウトしてきて……気がついたら意識が飛んでいたりする。あまり大きな声で言えないが、実はこれを書いているいまも、うたた寝から目覚めたばかりだ。

旅行中もよく睡魔に襲われる。たとえば飛行機に乗り込むと、離陸を待たずして眠りに落ちてしまう。自分の場合、長い機内時間は主に読書タイムとしている。

「今日は７時間のフライトだから、３冊ぐらいは読めるかな」

などと目論むのだが、ぐーぐー寝てしまって結局１冊も読み終わらないまま目的地へ着いてしまった、なんてパターンも珍しくない。

つい先日はシンガポールへ行ってきたのだが、飛行中ほぼずっと爆睡していて、起きたらチャンギ空港だった。まるでワープしたみたいで呆然とした。出発前に成田空港の書店で買った文庫本は、シートポケットに入れられたまま開かれることはなかった。

まあでも、機内ではぜんぜん寝られないと言う人もたまにいるし、自分はきっと幸せな部類に入るのだろう。寝られないよりは、お寝坊さんの方がいい。

それだけ寝たのだから、現地に着いたら一転して活動的になるかというと、そんなこともないから困る。シンガポール滞在中は終始やたらと眠かった。MRTで移動しながら居眠りしていたときには、自分の緊張感のなさに呆れてしまったほどだ。手にスマホを握りしめながら舟を漕いでいた。シンガポールで良かった。ほかの国ならば、目が覚めたときにはそのスマホがなくなっていただろうなあ。

常夏のシンガポールである。乾季のいまはとくに気温が高く、日中の陽射しは暴力的なほどだ。外を歩いているだけで焦げそうになる。それを考えると、眠気の理由をうららかな季節にするのも見当外れかもしれない。

シンガポールではこんなこともあった。

僕は真っ昼間から冷たいタイガービールで喉を潤していた。ああも暑いと、ビールが恋しくなる。汗をかきかきしつつ、ぐびぐびぐび……ぷはぁとするのは、南国の旅における最大のハイライトである。

ところが、飲み終わった後は体が猛烈にだるくなって、立っていられないほどの眠気に襲われた。あまりに辛くて、ホテルへ戻って仮眠をとろうかと思ったが、ホテルまで移動する時間さえも耐えられなかった。

そのとき僕は、ボタニックガーデンの近くを通りかかった。巨大な植物園である。「ガーデンシティ」などと称されるシンガポールを象徴するかのような、緑あふれる大庭園。僕はその園内へと歩を進めた。いわゆる観光地ではあるが、観光するためではない。なにせ、たまたま通りかかっただけなのだ。

綺麗に手入れされた芝生の木陰を見つけ、ドスンと座り込み、そのまま体を横にした。そう、ここで寝てしまおうという魂胆なのである。突発的行動なのでシートのようなものは持っていなかった。地面に直にゴロンとすれば服が汚れそうだが、そんなことには構ってはいられないほど切羽詰まっていた。

さすがに枕は欲しいが、Tシャツ&短パンの軽装なので枕代わりになりそうな上着などもない。手頃なのはショルダーバッグだが、中にはカメラやタブレットが入っているので、それを頭の下に敷くのは躊躇《ためら》われる。

どうしようか思案して、いいことを思いついた。バッグの中には衝撃対策としてクッション製のインナーが付いている。それを取り出し枕にすると、やがてストンと意識が失われたのだった。

30分ぐらいは寝ただろうか。長いようで短いけれど、頭はずいぶんスッキリしたし、体も軽い。そよ風が心地良く、とろけるような至福の時間だった。昼寝にランクを付けるならば、我が生涯ランクでベストファイブには入りそうなほどの最高の体験だった。

東南アジアを旅していると、現地の男たちが人目を気にせず眠りこけている光景によく出くわす。積まれた果物を日陰にしたり、トゥクトゥクの荷台で足を放り出していたり。昼間から酔っ払って惰眠を貪る——自分がやっていることは彼らと何ら変わりない。そういえば、そういう男たちというのはシンガポールではほとんど見かけない気がする。

ボタニックガーデンは都会のオアシスである。目を覚ますと、ピクニック帰りと思しき家族連れの一団が僕のすぐ前を通り過ぎて行った。ちらりと一瞥されたのは気のせいだろうか。いまさらながら恥ずかしくもなったが、本当にいまさらである。旅先にいるときぐらい、人目を憚らず本能のまま行動したい。

南国の植物園で束の間のうたた寝という快楽。病みつきになりそうである。

ここを本日のお昼寝場所とする！
ボタニックガーデンはこれぞ都会のオアシス

病院通いがここのところ続いている。患者は自分ではない。うちで飼っている猫である。病院が嫌いなのは人間も猫も変わらないようだ。連れて行くのにケージへ入れようとすると、懸命に抵抗を試みる。そのときの必死さは鬼気迫るものがある。もうすぐ14歳。人間でいえば70歳ぐらいに該当するそうだが、力強い抵抗ぶりからは、高齢による衰えのようなものは感じられない。

旅に出ると、各地でさまざまな登場人物が現れる。いい人もいれば、悪い輩もいる。旅という物語を彩るキャラクターのような存在なのだが、考えたら人間だけでなく、猫も多い気がする。猫とはいえ、中には忘れられないほどの、印象的な出会いもあるほどだ。自分が猫好きであるがゆえに、無意識のうちに探し歩いているのだろうか。

たとえば、旅先で撮ってきた写真を見直したとする。風景や食べ物、その地の人々のポートレートといったお決まりの被写体の次ぐらいに多いのは猫の写真である。一人旅だと話相手もいないから、見かけるとついついちょっかいをかけたくなる。人懐っこい猫だったりすると、こちらも調子に乗ってカメラを向けてしまう。そうして、気がついたら何十枚も撮っている。そのうち「旅と猫」などというテーマで写真集ができそうだ。

これは最近あちこちで書いているのだが、猫がゴロニャンとしているようなところは、おしなべていいところだと僕は思う。人々の眉間に皺が寄っていないというか、街にゆるい空気が漂うというか。個人的にはそういった土地はとくに肌に合う。僕が大好きなタイや台湾あたりはまさに代表例である。アジア以外でも、トルコやギリシャ、スペイン、モロッコなどは、頭の中で猫がたたずむ情景が真っ先に思い浮かぶ。

猫は住環境へ対するこだわりが強い。快適ではない土地には決して居つかないであろうことは、我が家の猫を見ていてもよく分かる。寒い日は陽当たりの良い場所でダラリとしているし、眠いときは家の中で最もフカフカなソファでやはりダラリとしている。だから旅に出ると、その土地に猫がいるかどうかに僕は注目する。猫は居心地の良さを推し量るバロメータの一つなのである。

同じ猫でも、住んでいる土地によって性格の傾向は異なる。やはり南国で出会う猫の方があっけらかんとしている。どこか余裕すら感じさせる。これまで旅先で何百匹、あるいは何千匹もの猫たちを目にしてきたが、そのことを痛烈に感じたのは沖縄だった。具体的には糸満市の海辺で出会った猫たちが、我が旅における栄えある旅猫大賞に輝いている。

道端にレンタカーを停めて、海の写真を撮っていたときのことだった。沖縄の海はどこも美しいが、本島なら南部エリアはとくにお気に入りだ。すると、どこからともなく猫がやってきた。いや、やってきたというよりも集まってきたといった方が正しいか。1匹や2匹ではなく、ふたケタに上る数の猫がスタスタ走ってきて、僕の周りを囲んだのだ。

しゃがみ込んでなでなでしてあげたら、目を細めて、膝にスリッ、スリッとしてくる。あまりに愛嬌たっぷりなので、そのまま連れて帰りたいと思ったほどだ。

そんなこちらの気持ちが通じたのだろうか。別れの瞬間がやってきたときのことだった。後ろ髪を引かれる思いで車のドアを開けて——中へ乗り込んだ。その猫たちが。冗談のようだが、本当にあった話である。猫たちはなんと車の中まで追いかけてきたのだ。

これにはさすがに戸惑った。連れて帰りたいのはやまやまだけれど、自分も旅人の身である。やんわりと外へ出るよう促した。ところが、まるで出て行く気配はない。シートの上にどっしり座り込み、テコでも動かないといった決意じみた表情でこちらを見つめる。トラウマになりそうな邂逅であった。

猫を飼っているせいか、旅先で猫に出会うと比較の目で見てしまう。うちの猫も愛想の良さに関しては負けていないが、しばしば憎たらしい気持ちも抱く。まあ、良くも悪くも家族のような存在である。

たとえば、もういい歳なのにすぐに手が伸びる。触ろうとすると、高確率で返り討ちに遭う。僕の手は年がら年中ひっかき傷だらけだ。さらには、ちゃっかりもしている。基本的に家猫だが、たまたまドアが開いていたりすると、ここぞとばかり逃亡を図る。

寝てばかりいるのも、心底うらやましい。静かだなあと思ったら、だいたい舟を漕いでいる。暇なら代わりに原稿でも書いてくれないかと恨めしい目にもなるのだが、まるで役に立たなそうなので、せめてこうして話のネタにすることで少しでも貢献してもらうことにしたのだった。

45 ね
猫［ね**こ**］

46 こ

# コーヒー

台北にある行天宮の地下街は占い師で有名で、僕も以前に占ってもらったことがある。

「アナタ、辛いものが好きでしょう？　あと、コーヒー。長生きしたいなら、この二つはほどほどにした方がいいですよ」

占い師のオバちゃんに流暢な日本語でそう言われて、僕は戸惑った。辛いものもコーヒーも本当に我が好物なのである。なんで分かったのだろうかと驚いたし、それを控えろという忠告には抗いたい気持ちが湧いた。とくにコーヒーはきつい。1日に最低でも3杯は飲むだろうか。依存度は非常に高く、飲むなと言われて素直に従うわけにはいかない。

結局、その後も一切気兼ねすることなく辛いものをよく食べているし、コーヒーもガブガブ飲んでいる。罰当たりな人間なのだが、内心ではあの占いの内容がずっと気がかりになっていた。言われてみれば確かに、健康によくないイメージがある。酒や煙草ほどではないにしろ、害がないとは言い切れない。

ところが、先日興味深いニュースを目にした。国立がん研究センターが発表した研究結果によると、コーヒーを日常的によく飲む人の方が、飲まない人よりも病気などで死亡するリスクが低いのだという。健康によくないと思われていたのはなんと間違いで、むしろ飲んだ方がいいらしい。今後のさらなる研究が待たれるが、ひとまずはお墨付きを得られたことで、コーヒー好きとしてはホッと安心した。なんだなんだ、それなら遠慮なく飲ませて頂こう、という次第なのである。

コーヒーと言えば、近年よく耳にするのが「サードウェーブ」というキーワードだ。アメリカの「ブルーボトル」の日本進出が、メディアで過剰なまでに取り上げられていたのも記憶に新しい。その日本2号店が東京青山にオープンし、近くを通りかかったついでに立ち寄る機会があった。場所は、以前「ドラゴンフライ・カフェ」だったところだ。打ち合わせなどで同店をしょっちゅう利用していたため個人的に馴染み深く、懐かしい気持ちで店に入ったのだが、ものすごい混雑ぶりにたじろいだ。大盛況なのだ。

サードウェーブコーヒーの大きな特徴の一つに、ハンドドリップが挙げられる。機械ではなく、人の手で一杯一杯丁寧にドリップしてくれるわけだが、そのこと自体には決して目新しさはないだろう。駅前のチェーンやコンビニのコーヒーならともかく、昔ながらの日本の喫茶店ではハンドドリップが常識だし、自宅で飲む際にはハンドドリップという人は珍しくない。だから、あれはあくまでもアメリカだから受けたのではないかと思っていたのだが、どうもそうではないようだ。

思い出したのは旅行ガイドブックの土産物紹介ページだった。国によってはコーヒーが掲載されていることがある。たとえばアジアならベトナムではコーヒーは定番土産だし、タイでも北部山岳地帯でコーヒーが栽培されている。僕も行くとよく買って帰るのだが、ガイドブックではなぜか豆ではなく粉が紹介されていることが多く不思議に思っていた。中にはわざわざインスタントのものをピックアップしている本も見かけたことがある。

コーヒーなんて、豆のまま買って帰った方が美味しいに決まっている。飲むときはその都度挽けばいいだけだし、ましてやインスタントなんてあり得ないのだが、手軽な方が需要があるのだろうか。あるからこそ、ああして記事になっているのだろうなあ。

旅をしていると各地でコーヒーを飲む機会に出くわすが、最も印象深いのがエチオピアだ。言わずと知れた世界有数の産地である。街中には喫茶店があふれ、散歩しているとそこかしこからコーヒーの薫りが漂ってくる。コーヒーが人々の生活に根づき、欠かせないものとなっている事実が窺える。

ミーハーな旅人は本場で味わえるというだけで興奮するのだが、さらには飲むにあたって独特の作法があることに僕は感銘を受けた。エチオピアではコーヒーの淹れ方や、飲み方がユニークなのだ。その名も「ブンナ・セレモニー」という。ブンナとはコーヒーのことで、日本で言うところの茶道のようなものを想像すると分かりやすい。

当然、ハンドドリップである。席に座ると、客の目の前で一杯一杯、丁寧に淹れてくれる。本格的なセレモニーでは焙煎から始めるケースもある。ゆっくり、じっくり。見ていて焦れったくなるほどだが、手持ち無沙汰な待ち時間には相席したほかの客と会話が弾んだりして、それもまたいい旅の思い出になる。

首都のアジスアベバのような都市部ならばイマドキの洒落たカフェもあるが、ポピュラーなのは軒先にプラスチックの椅子を並べただけの簡素な店だ。にもかかわらず、出てくるコーヒーには妥協がないことに感心させられる。本書32ページで「インジェラ」という試練の味を紹介した。ほかにも南京虫やらなんやらと、エチオピア旅行というとアフリカの中でも割と過酷なエピソードで語られがちなのだが、コーヒーを愛する旅人としては、美味しいコーヒーが飲めるだけで同国には無条件で高得点をあげたくなるのだった。

僕は自宅でも、仕事場でも、自分の手でコーヒーを淹れる。その作業は楽しいし、忙しい日々の中で愛おしい瞬間の一つだ。

お湯を沸かし、ドリッパーにフィルターを詰めるとワクワクしてくる。ミルも機械式ではなく、手動のものを愛用している。ハンドルをぐりぐり回して、がりがり挽いていくのは結構快感で、無心で回していると邪念を振り払えたりもする。粉だとあのぐりぐりがりがりがなくなるわけだが、楽チンというよりはかえって味気ないだろうなあ。

コーヒーに限っては、効率よりも情緒を重んじたいのである。

目の前でカップに注がれる淹れ立てコーヒー。
エチオピアのカフェ文化に感激した

# 一人旅

結婚情報誌のトークイベントに、夫婦でゲスト出演する機会があった。講演の仕事自体は別に珍しくないが、結婚情報誌からの依頼なんて初めてで、いささか緊張してしまった。なぜそんなイベントに呼ばれたかというと、テーマがハネムーンだったからだ。風変わりな新婚旅行をした夫婦というプロフィールが、お誂え向きだったのだろうと想像する。結婚を機に世界一周の旅に出た。かれこれもう10年以上も前の話なんだけどね。

その新婚旅行は、自分にとって初めての海外旅行だった。なにごとも原体験は強い影響を及ぼす。以来、うちの場合は夫婦二人旅が標準スタイルになっているのだが、いつも2人というわけではない。最近はむしろ一人旅のほうが多いぐらいだし、夫婦ではなく友人と共に旅をする機会もある。

同行者のいる旅と、そうではない旅ではやはり様相は異なってくる。それぞれにメリット、デメリットがあるから、どちらがいいかと問われても答えようがない。

最も分かりやすい違いは、自由度の高さだろうか。旅は選択の連続だ。たとえば、次の行き先を決める段になったとする。同行者との間で意見が一致するとは限らない。

「チベット行きのバス、どうしようか？」

「わたし、カシュガルも行きたいなあ……」

これは新婚旅行中に、我が家で実際に行われたやり取りの一つだ。そのとき中国の蘭州という都市にいて、予定では陸路でチベットを目指すはずだった。ところが、土壇場になってうちの奥さんが反旗を翻したのだ。カシュガルも魅力的だが、ルート的に遠回りになってしまう。喧々諤々の議論のすえ、結局先にカシュガルへ立ち寄ることになった。行ってみたらカシュガルもなかなか素敵なところで、大いに満足したのだが、あれが一人旅だったならチベットへ直行したに違いない。

そういった大きな分岐だけでなく、旅行中は些細な選択でも常に意見のすり合わせが求められる。どこへ行って、何をするか。一人旅ならば、それらの一切合切をすべて自分の裁量で決められるわけだ。これぞ究極の自由旅行と言えるだろう。

ところが一方で、一人旅には寂しさも付きまとう。旅の思い出を共有できる相手がいるかどうかは大きい。超絶美しい風景を目の前にしたときに、誰かと感動を分かち合えるのは素敵なことだ。何かトラブルに巻き込まれた際に、一緒に立ち向かえる仲間がいると心強い。同行者の存在により、旅に彩りが添えられる。不自由であるからこそ得られるものも捨てがたいのである。

そういえば昔、『二人で海外！』という本を出したことがある。あえてそういうテーマを掲げたくせに、いざ書き終わってみたら一人旅を礼讃する内容にはならなかったのは教訓になった。一人旅はいいけど、二人旅もぜんぜん悪くないのだ。やはり、いまでも甲乙付けがたい気持ちは変わらない。

旅行会社を経営する知人にインタビューしたときのことだ。その会社を利用するお客さんのうち、なんと八割以上が一人旅だと聞いて僕は驚いた。世界一周を専門に扱う、ちょっと特殊な旅行会社なのだが、そこまで顕著に差が出るとは予想外だった。リゾート型のツアー旅行ではなく、バックパッカーのような旅になると、一人がいいと考える人のほうが圧倒的多数ということか。

この前旅友だちと飲んでいて、そこで聞いたエピソードも興味深かった。彼女を連れてマレーシアへ行ったら、なんと別れてしまったという。その友人は辺境地の旅経験も豊富で、いつもの感覚で宿も決めずに自由人スタイルで出かけたらしい。ところが、どうも彼女はそういうノリに付いてこられなかったようだ。酒の席の話なので彼もネタにして笑っていたが、冷静に考えたら笑いごとではない。

一般的な海外旅行の価値観と、バックパッカーのそれとの間には大きな隔たりがあるのだなあと改めて痛感する。同時に、自分は同行者に恵まれているのだと自覚もしたのだった。一緒に旅してストレスがない相手というのは貴重な人材なのかもしれない。

先週末は夫婦で日本最北端の宗谷岬までドライブしてきた。来週は中国の四川省へ行く予定だが、これは一人旅だ。ときと場合によってスタイルは柔軟に変えつつ、どちらも楽めたらいいなあとしみじみ思う。

パスポートのページ数が足りなくなったので、増補をしてきた。2011年に作ったものだから、まだ4年しか使っていない。10年有効の赤色のパスポートだが、これなら5年有効の紺色のでも良かったかもしれないなあと、内心ちょっぴり後悔もし始めている。

いまので通算2冊目のパスポートとなる。前のものも10年有効のやつだったが、途中で増補をして、それでもページが足りず、10年使い切ることなく御役御免となったのだ。まったく同じ展開になりそうな気配も漂う。

この話をすると、相手によっては「何それ？　自慢してるの？」などと誤解も招くのだが、もちろんそんな意図はない。というより、むしろ逆である。パスポートを発行するには金がかかる。それも結構馬鹿にならない額の手数料を取られる。10年間で1万6000

円、5年間で1万1000円もするのだ。我ながらセコイなあと思うが、元を取るためにはできるだけ長く使いたいのが本音なのである。

しかも増補すると、パスポートの厚みが増すのもいただけない。追加されるのは40ページ分で、ほぼ倍の厚さになる。パスポートは貴重品袋に入れたりもするので、分厚くなると取り扱いがしづらくなってしまう。当然ながら増補するにも手数料が生じる。実用面を考えると、何もいいことはないのだ。

実はこの1年ぐらいは、少しでもページを節約しようと試みてきた。どういうことかというと、イミグレーションでの話になる。入出国のスタンプを押してもらうのに、こちらで押す位置を指定する作戦である。

「ここに押してもらえますか?」

あらかじめページを開き、指でさし示す。わずかでも余白があれば、無駄にするのはもったいない発想である。係官によっては顔をしかめられたりもするが、大概は希望通りの場所に押してくれる。とくに日本のイミグレは親切で、一度も拒否されたことはない。

冷静に考えたら、やはり途方もなくセコイなあ。涙ぐましい努力のお陰で、増補のタイミングを先延ばしにできていたのだが、遂に限界が来たというわけだ。実はまだ若干のスペースがあることはあったのだが、中国へ行くことに決まったので観念した。揉めたら嫌だし、あの国は融通が利かなそうなので。

中国へ行くのは久々である。いまのパスポートになってからは一つしか中国のスタンプがないぐらいで、近年は妙に足が遠ざかっていた。台湾や香港へは足繁く通っているのに、大陸本土へは足が向かなかった。旅先のタイプとしては、僕にとってはインドとよく似ている。訪れるには少なからず勇気が要る国だ。勇気と言うよりは、エネルギーとでも表現した方が正しいかもしれない。

足を踏み入れるのは数年ぶりだが、この半年の間に中国のすぐ目の前までは二度も行っている。台湾が実効支配する馬祖島と、そしてベトナム北部のラオカイだ。馬祖島からは海を挟んで向こう側に福建省の福州市が位置する。ラオカイはもっと近くて、小さな川を挟んですぐ対岸に雲南省の河口の街並が望める。まさに国境である。

「ああ、中国が見えるなあ」と拙い感想を抱きつつ、せっかくなので記念写真を撮ったりしたが、橋を渡って対岸へ行く気にはなれなかった。あそこは東南アジアのほかの国境と比べると、殊更特別感が強い。エリアがガラリと変わる気がするというか。東南アジアから東アジアへ。ドラスティックに世界が切り替わる。ゆるゆるマッタリ気分で旅していた東南アジアの旅人には覚悟が求められるのだ。

実はだいぶ昔、この国境を越えたことがある。かれこれ10数年ぶりに同じ場所へやってきたわけだが、想像していたよりもあまり変わっていないのには拍子抜けした。中国側に立つ、「中国河口」と書かれた三角形のアーチは当時のままだ。懐かしくなって、その場で10年以上前に撮った写真をスマホでダウンロードしてしまった。それを見ると、前回訪問時にはなかった建物が増えているし、さらに新しいビルを建設している様子も対岸からハッキリ見える。けれど、それでもやはりマイナーチェンジといった感じである。

とはいえ、あの頃とは違い、いまではより気軽に越境できるようになっている。日帰りで中国へ行って、ご飯を食べて帰ってくるようなエクスカーションも人気だという。

かつては中国へ訪れるにもビザが必要だった。当時の記録を確認すると、僕はそれをハノイで取得していたようだ。泊まっていたゲストハウスで代理申請してもらい、手数料が40ドルだったとメモが残っている。ビザの有効期限は30日間で、途中で切れそうになってウルムチ滞在中に延長したことも分かった。

別に中国に限らず、アジアの多くの国々では以前はビザが存在した。それらをどうやって取得するかは、旅人にとって重要な関心事項で、時間を持て余しがちな長期旅行中は唯一とも言える課題でもあった。大使館や領事館へ出向いて、ビザを申請するだけで大きな達成感に浸ったのを思い出す。

ビザは大抵はシールで、パスポートの1ページをまるまる使うやつが主流だった。僕の一つ目のパスポートが期限を待たずに埋まったのは、それらビザのシールにページを占有されまくったせいでもある。

いまでもビザが必要な国がなくなったわけではないが、少数派と言えるだろう。たいがいはイミグレでポンッとスタンプだけ押しておしまいである。依然としてビザは必要なものの、かつては1ページサイズだったシールが、半ページサイズに縮小された国もある。

そんな状況だから、パスポートのページが埋まるペースは以前よりも確実にスローになっているはずだけれど……。セコイ旅人としてはやはりできるだけ長く、それこそ10年の期限いっぱいまでいまのパスポートと付き合えるといいなあ、などと願う次第である。

ベトナム側から望む中国との国境。
ゲート後方で建設中なのはタワマンだろうか

# 戯れ言

連載ペースが今回から月イチへと変わり、楽になったと余裕をかましていたのだが、気がついたらいつの間にか締め切り直前で焦っている。明日から新学期という切羽詰まった段階になって、大慌てで夏休みの宿題に手を付けた懐かしき日々が頭をよぎる。まるで成長していない我が身が恨めしい。

お題が「ざ」ということで、実は座席指定を取り上げるつもりでいたのだが、ここまで書いたところで気が変わった。この際もう開き直って、怠け者の戯れ言でも綴ってみようかなと。これもまた「ざ」だし。

明日から1泊で山梨へ出かける。取材ではなく、プライベートの旅行である。その準備をまったくしていないことを思い出し、さらに気持ちが逸るのだが、いつものことだ。別に行き先が山梨だから、というわけではない。旅の準備は大の苦手で、たとえ海外旅行だとしても、出発間際になってあわあわとパッキングを始めるタイプなのだ。いやはや、何の自慢にもならないなあ。

ところが、インタビューなどでこの話をすると、なぜか相手は好意的に解釈してくれることが多い。

「さすがですねえ。忘れ物をしても、現地調達すればいいですしねえ」

何がさすがなのか分からないが、「ええまあ」などと曖昧に頷きつつ、相手が触れた現地調達にしれっと話題を切り替えるのがよくあるパターン。そんな我が戯言を、みんなきちんとした記事にまとめてくれるので、いつも本当に感心させられる。あ、いまのは「たわごと」と打って、「戯言」に変換したものね。送り仮名が付く付かないの違いはあるものの、「ざれごと＝戯れ言」と漢字がまったく同じではないか。意味も似ているしなあ。まあ、どちらでもいいか。

なんでこんな話になったのかというと、今週は連日インタビュー仕事が続いたのだ。

最初に訪ねてきたのは某私立大学の新聞部の学生さんたちだった。学生新聞の取材である。イマドキのいわゆる「意識高い系」だったらどうしよう……と内心身構えていたのだが、会ってみると普通に素直な子たちで安心した。

といっても、自分は初海外が社会人になってからなので、あまり偉そうなことは言えない。大学生向けということで怠惰な発言は極力控えつつ、インドでの馬鹿話などを披露したのだった。10ルピーで乗ったリキシャーに10ドル払わされそうになったとか、猿に洗濯物をかっぱらわれたとか、そういった我ながらくだらない話だ。まさに戯れ言ばかりという感じだから、記事にまとめるのに苦労をかけそうで申し訳ない気持ちになる。

続いて、某クレジットカードの会報誌のインタビューがあった。前述した現地調達の話はこのときに出たもので、ほかにもそういった旅のテクニック論のようなテーマが主体だったのだが、とくに旅におけるネット活用について語った内容は、いい機会なのでここでも少し紹介していいだろう。

現地に着いたらプリペイドSIMを入手して、SIMフリースマホでネット接続する。滞在中も常時オンラインならば、旅が快適で便利になる――僕はこれまでそういったスタイルを礼讃してきた。だからなのか、インタビューではあえて積極的にその種の話題を振ってくれた。ところが、僕は反旗を翻すような発言をして、相手を困らせたのである。最近は以前ほどスマホやネットのありがたみを感じなくなっている。ありがたみ、というより新鮮味と言った方がいいかもしれない。

旅先でもネットに繋がるなんていまや当たり前のことで、目新しさはなくなった。あらゆる旅の情報はネットから得られるし、ガイドブックの電子化もいよいよ進んでいる。アジアの市場へ行ったら、野菜を売るおばちゃんがｉＰａｄでゲームに興じながら時間つぶしをしている時代だ。スマホの普及によりモバイルでのネット活用が進んだことで、旅を取り巻く環境はガラリと変わったわけだが、それを画期的なトピックスとして語る時期はもうとっくの昔に過ぎている。

もちろんいまでもネットに頼って旅をしていることに変わりないが、付き合い方はだいぶドライになった。利用するシーンは予約や調べ物といった必要最低限のものばかりだ。

とくにＳＮＳへの依存度は自分でも驚くほど下がった実感がある。かつては旅行中であろうが四六時中タイムラインを追いかけ、自らも何を観て、何を食べたかなどを逐一発信していたのだが……。近頃はＳＮＳなんて気が向いたときぐらいしかチェックしない。

ネットに繋がると、つい画面とばかり向き合ってしまう。せっかく旅に出ているのに、それももったいないよなあという当たり前の事実に、いまさらながら気がついたのだ。

そういえば日記を書いたり、ブログなどで情報発信する機会もめっきり減った。ツイッターに至ってはもう何年も放置している。飽きっぽい性格なのに加え、怠け者なので締め切りのない原稿を書くモチベーションを維持できないのだ。

代わりに、いまではこの連載がある意味それらを兼ねる存在となっている。日記のような、ブログのような、つぶきやきのようなエッセイ。実際、日常で起こった出来事を中心に、思いつくがまま書き殴っているだけだ。今回のテーマに限らず、この連載そのものが戯れ言なのかもしれないなあ。

旅なんて所詮は娯楽。自分の場合、
美味いものを食べられればそれで十分だったり

# 50 と 豆乳

またしても台湾へ行ってきた。この1年でかれこれ5度目の訪問になる。すっかりマイブーム到来という感じなのだが、繰り返し訪れていると、なんとなくお決まりのコースができてくる。

たとえば台湾での朝食は、豆乳と決めている。現地の言葉だと「豆漿」と書いて、「ドウジャン」と発音する。豆乳といってもホットやアイス、甘いのやしょっぱいのなど種類は豊富で、店ごとに味付けが異なるから奥は深い。揚げパンや焼きパンなどと一緒に一杯の豆乳を味わうのは、我が台湾旅行における幸福な時間の一つだ。

台北で常宿にしている中山路のホテルでは、無料の朝食も付いてくるのだが、大して美味しくもないので食べることはない。コーヒーを一杯だけ飲んで、散歩がてら外の食堂を目指すのがよくあるパターンだ。

店はその日の気分で都度選ぶ。今回は阜杭豆漿へ行ってみることにした。日本のガイドブックでも必ず紹介されている有名店だ。いつも行列ができているので覚悟はしていたのだが、今回は列の長さが尋常ではなかった。最後尾はビルの2階にある店から階段を降りて、建物の外をぐるりと囲んだ遥か先である。

朝っぱらからよくもまあ、と唖然とさせられる。台湾の人たちの美味しいものに対する執着心には本当に舌を巻く。並ぶのは大の苦手だ。列を目にした瞬間、僕はあきらめて踵を返したのだった。

仕方ないので、近くにある別の店へ向かった。食べられるメニューはほとんど同じなのに、こちらは可哀想になるほど空いていた。とりあえず冷たい豆乳と焼餅を注文。さらには蒸籠からもうもうと上がる湯気につられ、朝から小籠包も追加した。確かに阜杭豆漿と比べると味のレベルには妥協が感じられる。でもまあ、お腹がいっぱいになったことだし、ひとまずホッと一息、ついたまでは良かった。

お会計を済ませ、店を出て、最寄り駅からＭＲＴに乗り込んだときのことだ。ふっとある疑問が脳裏をよぎったのだ。

「あれ、ずいぶん安かったような……」

食堂のおばちゃんに言われた金額は、確か35元だった。台湾ではどこかの国のようにボッタクリに遭うことはまずないから、とくに疑いは抱かない。僕は言われるがまま35元を支払ったのだが、冷静に考えたら35元は安すぎるような気がしてきた。

カメラの液晶モニターで写真を確認してみる。たまたま店内の写真を撮っていたのだ。壁に書かれたメニューに金額の数字が書かれていた。それによると豆乳が20元、焼餅が15元、小籠包が70元だと分かった。本当なら計105元になるはずで、なるほど小籠包のぶんがまるまる抜けていたようだ。恐らく後から追加注文したせいで、おばちゃんが計上し忘れたのだろう。ボッタクリどころか、逆に食い逃げした形ではないか。

70元は300円弱である。大した金額ではないとはいえ、さすがに罪悪感に駆られた。お金を払いに引き返そうかとも思ったが、この日はこれから新幹線に乗って別の街へ移動しなければならなかった。モヤモヤした気持ちのまま、僕は台北を後にしたのだった。

そんなエピソードが、まさかその日一日の行動への伏線になるとは思わなかった。良からぬことをすると、その報いが必ず返ってくる。因果応報とはこのことだ。

台中で新幹線を降りた後、在来線に乗り換え、清水という駅で下車した。そこから路線バスに乗り込み、さらに移動する。台北からの日帰り旅行としては結構な大移動なのだが、どうしても見てみたい場所があった。高美湿地である。「台湾のウユニ塩湖」などと噂される、昨今注目を集める絶景スポットだ。

ところが目的地に近づくにつれ、空はどんよりとした厚い雲に覆われ始めた。バスを降りた瞬間には雨がぱらつき出し、いよいよ湿地に辿り着くと、そのタイミングを狙い澄ましたかのようにザーザー降りに変わった。自然の景勝地で雨に降られたら、仕方ないとはいえやはり色々と台無しである。徒労感に包まれながら、来た道を引き返したのだった。

話はこれで終わらない。帰りの道中がもっと悲惨だったのだ。清水駅を通る路線はローカル線で、1時間に1本ぐらいしか電車がない。あらかじめ時刻表をチェックして、少し早めに駅へ戻ったら、なんと電車の到着が大幅に遅れるという。夕暮れどきの駅舎で雨宿りをしながら電車を待っていると、蚊に刺されまくるというオチも付いた。

予定より1時間も遅れてやってきた在来線で台中市内へ戻り、新幹線に乗り換えようとしたら、恐ろしく混雑していて、グリーン車しか席が残っていなかった。台湾の新幹線は日本と比べると運賃は割安なものの、グリーン車なんて無駄な出費だ。この日はそのまま夜の便で、日本へ帰国しなければならなかった。強行軍のため、ほかに選択肢がなく、あきらめて乗るしかないのだった。

桃園駅で新幹線を降り、桃園空港でチェックインをした。本当は帰る前に台北市内でディナーを楽しむつもりだったが、電車が遅れたせいでそれもあきらめざるを得なくなった。かくなるうえは、空港内にある度小月で担仔麵でも食べようかとレストラン街へ立ち寄ると、ラストオーダーを締め切ったばかりだと言われ、ガックリ項垂《うなだ》れた。

なんだか、すべてが空回り。朝ご飯を食べた豆乳屋さんで、（結果的に、だけど）食い逃げした罰が当たったのかもしれないなあ、などと自戒の念に駆られながら、よろよろと帰国便に搭乗したのだった。

雨が降る中、傘をさしながら一応何枚か撮ったが。
高美湿地、ここは要リベンジかな

50 と 豆乳［とうにゅう］

## 51 う 雨季

今年もツーリズムＥＸＰＯへ行ってきた。東京の国際展示場で開かれる、年に一度の旅の祭典である。初めて訪れたのは最初の世界一周から帰った直後だったから、通い始めてもうかれこれ10年以上になる。旅行などで不在の場合を除き、僕はほぼ毎年参加している。我が恒例行事の一つだ。

年を追うごとに規模が拡大してきたこのイベントだが、以前は「旅博」という名称だった。さらに遡れば、「世界旅行博」と呼ばれた時代もあった。ここだけの話、いつの間にかツーリズムＥＸＰＯなどと横文字のイベント名になってしまい、長年のファンとしては密かに違和感を覚えたりもしている。

今年は海外関係の展示よりも、インバウンド関連ブースの方が勢いがあると感じた。英語や中国語で書かれた日本国内の観光パンフレットが目についたのだ。世界旅行の疑似体験がウリのイベントだったが、海外の人たちに日本旅行をアピールする場へと変わりつつある。そんな現状に鑑みると、イベント名は横文字の方が都合がいいのかもしれない。

ツーリズムＥＸＰＯの会場は、大きくエリアごとに分かれている。ここでいうエリアとは、実際の世界の地域区分のことだ。すなわちアジア、ヨーロッパ、北米といった具合で、それらとは別枠で旅行会社が集まった区画なども設けられている。いちおう一通りは見て回ったが、アジアへの滞在時間が最も長くなってしまった。自分の興味を優先すると、やはりそういう結果になるようだ。

新しい旅先を探すにはうってつけのイベントである。たとえば最近マイブームの台湾のブースでは、北部や中部、南部と地域別に細かく展示されていた。日本ではまだあまり知られていないそうなマイナーな街の情報も選り取り見取り。スタッフの台湾人と話して、オススメしてくれた美味しい店をメモに取ったり。期待した以上の収穫が得られ、台湾旅行がますます楽しくなりそうである。

ほかにもベトナムやミャンマーなど、個人的にとくに関心の強い国のブースを重点的に回りつつ、歩き疲れたらタイのブースでリラックスした。「サワディーカー」とタイ語で挨拶されるだけで、ほっこり癒される。

「最近のタイはどうですか？」

バンコクから来たと思しきタイ人女性スタッフに何気なく訊いてみた。

「いまは雨季ですね。雨が多いです」

すると、そんな答えが返ってきた。気候について訊ねたつもりではなかったが……なるほど、雨季か。確かにタイはいまそんな季節である。バンコクのような都市部ならば、雨に降られても避難場所はある。困るのは地方の旅だ。雨季のチェンマイでトレッキングしたときは、ぬかるんだ山道を歩いたせいでドロドロになってしまったのを思い出す。

そういえば、この前出した新刊でもタイの雨季のエピソードを綴っていた。スコールから逃げるために、慌てて路線バスに飛び乗った話だ。その本は東南アジアの旅エッセイを国別にまとめた短編集なのだが、一番最初がタイだった。果たして、あんな間が抜けたエピソードで巻頭を飾ってよかったものか。

近頃は日本にいても、東南アジアのスコールのような大雨にしばしば降られる。つい先日は、関東地方でも信じがたい大災害に見舞われたばかりだ。家や車が水没し、ボートで避難する人々——タイのニュース映像ではおなじみの光景も他人事ではなくなってきた。

「日本もね、最近は雨が多いんですよ」

会話の流れで僕がそう言うと、タイブースにいたタイ人女性は笑顔で相槌を打ってくれた。どこまで伝わったかは定かではないが、タイ人と雨の話をするのもいかにもタイっぽい感じがして、なんだか懐かしくなった。

考えたら、今年は旅をしていて雨に悩まされてばかりだった。それも、ここぞという重要な場面で、不幸にも雨に降られることの繰り返しで、何度も心が折れそうになった。たとえば長崎の教会群を巡っていたときも、日本最北端の宗谷岬を目指したときも雨だった。中国へ九寨溝を見に行ったら見事に降られたし、夏の台湾旅行では台風が直撃して散々な目に遭ったばかりだ。ひょっとしたら自分は雨男なのではないか、という根本的な疑惑がいまさらながら浮上する。

実は明日からグアムなのだが、書いているうちに急に天候が心配になってきた。どうか晴れますように！

51 う 雨季［うき］

52 き

# Kindle［キンドル］

機内モードに設定すれば、飛行機の離陸時や着陸時でもスマホやタブレットが使える。以前は電源を切らなければならなかった。ルールが変更されたのが２０１４年で、それからだいたい1年ぐらい経つわけだが、いまさらながらありがたみを実感している。

空路での長時間移動の際、自分の場合、読書に耽るのが定番の過ごし方だ。もちろん寝ていることも多いが、起きているときは大抵は本をパラパラしている。

読むのは、ほぼ電子書籍である。ルールが改正される以前は、紙の書籍も持参していた。電子書籍だと端末を使用できない離着陸時には本が読めなくなってしまうからだった。活字中毒者にとって読むものが何もない状態は耐え難い。シートポケットにある機内誌や免税品カタログの冊子をぱらぱらめくって、時間をやり過ごしたり。

「いまいいところなのに……」

話が佳境に差し掛かったタイミングで、飛行機が着陸体勢に入ってしまい、泣く泣く電源を切らざるを得なかったり。色々と四苦八苦させられたのも懐かしいが、それも過去の話になった。いまではもう、搭乗してから降りるまでずっと電子機器を使える＝読書できるのだ。少なくとも自分にとっては画期的なルール変更であった。

普段から便利な電子書籍だが、旅行中はとくにそのありがたみが増す。物理的なスペースが不要で、荷物を減らせるのは大きい。紙の本に対する愛着もないわけではないが、利便性には逆らえない。紙版しかないものは仕方ないとしても、電子版が存在する場合には基本的に電子版を購入するようにしている。

利用するプラットフォームは、もっぱらKindleである。Kindleが日本に上陸する前の電子書籍黎明期には、ソニーのリーダーストアを活用していたのだが、もう完全に乗り換えてしまった。プラットフォームが変わると、それまでに購入した本が読めなくなってしまうのは電子書籍の不便な点だ。とはいえ、一度読了した後で再読するような本は実際にはあまりないので、それほど影響はない。

ジャンルやテーマを問わず、節操なく色んな本に手を出すが、旅行用の読書に限って言えばとくに長編小説が似合う気がする。日常の中のたとえば電車移動時にする読書とは違い、どっぷり作品世界に浸れるからだ。長編といっても長ければいいわけでもなく、飛行距離に応じた長さの本だと理想的である。

というより、着陸するまでに読了できないといささか厄介なことになる。先日グアムへ行ったときに、こんなことがあった。

フライト中、僕はiPadのKindleアプリで小説を読んでいたのだが、思いのほか長い本で着陸するまでに読み終わらなかった。

紙の書籍と違って電子版だと束《つか》が分からないため、ボリュームが把握しづらい。Kindleでは全体のページ数や、「この本を読み終わるまでにあと○分」といった情報がいちおう表示されるのだが、リアルな本の厚みとは違い感覚的に摑みづらい点は電子書籍のもう一つの弱点と言えるかもしれない。

ともあれ、間が悪いとはこのことだ。外国に着いたばかりとはいえ、僕は本の続きが気になって仕方なかった。iPadを手に持ったまま飛行機を降り、空港内を歩いていても気もそぞろだった。

やがて到着した入国審査場は、混雑していた。いや、「混雑」なんて形容では生ぬるい。ちょっとあり得ないレベルの、途方もない長さの列ができていたのだ。普段なら我が運の悪さを呪い、舌打ちでもしたくなるところだが、このときは状況が違った。まあいいや、並んでいる間に本の続きを読み終えてしまおう、と気持ちを切り替えたのだ。

ところが、ここで新たな問題が発生した。列の最後尾に並びつつ、iPadの画面を見始めたところ——係官が血相を変えてこちらに駆け寄ってきた。そして、いますぐiPadをカバンにしまえという。そう、グアムのイミグレーションでは、タブレットの使用は禁止されているのだ。というより、携帯電話が禁止らしい。僕のiPadはWi-Fi版なので、単体では通信はできない。携帯電話やスマートフォンとは違うのだが、それでもダメとのこと。

さすがにイミグレーションでは大人しくするしかない。言われてすぐに、おずおずとカバンにiPadをしまったのだが、内心もどかしさが募った。こんなとき紙の本だったら……と天を仰ぐ。しょんぼり、である。

グアムとはいえアメリカなので、入国審査は念入りだ。一人ずつしっかり質問を交え、指紋のスキャンまで行うから時間がかかる。結局、通過するのになんと1時間45分もかかった。さらっと書いたが、1時間45分はめちゃくちゃ長い。グアムまでの飛行時間が約3時間30分なので、その半分の長さである。続きを読み終えたあとで、さらに短めの本をもう一冊読めそうなほど。スマホも使えないので、読書どころか、ネットを見たりして暇をつぶすこともできなかった。一人旅だから話相手もいない。ただただ無言で列に並び続けるのは虚しく、徒労感に包まれたのだった。

電子機器に関するルールはまだまだ流動的だ。新しいものだけに、将来的にはまた対応が変わってくる可能性も考えられるが、とりあえずはまあ、こういう待ち時間に読書ぐらいはできるといいのになあ、と思った。

プールサイドで読書はリゾートの定番。
屋外では電子ペーパー端末の方が読みやすい

ベトナムを北から南へぐりっと縦断する旅をしている。そろそろ後半戦で、今日はダラットにいる。高原の避暑地として知られる風光明媚な街である。ワインの産地としても知られ、これから飲みに行こうかと画策中だ。

いまから13年前にも、ほぼ同じルートを通ってベトナムを縦断している。当時は逆方向、南から北へと進んでいった。立ち寄ったのはニャチャン、ホイアン、フエなどで、今回の旅でもほぼ同じ街を訪れている。懐かしさはあるが、13年も経つと変化が大きく、浦島太郎の気分だったりもする。

移動手段は主にバスである。ベトナムには「オープンツアーバス」と呼ばれる、乗り降り自由の長距離バスが存在する。運行するのはローカルの旅行会社で、中でも有名なのがシンカフェだ。いまではシンツーリストと名前を変え、ホーチミンのデタム通りに豪勢なオフィスを構えるまでに成長した。

13年ぶりにオープンツアーバスを利用してみて感じたのは、バスも道も見違えるように綺麗になったなあということ。とくに寝台バスには感心させられた。上下2段、3列にシートが並ぶ寝台バスはかつてはなかった。

ゴロンと横になれるのは楽チンだ。ただ、夜行ではなく日中に走るバスでも寝台タイプが主流なのは一長一短あるかもしれない。ハノイからホーチミンまでは約1800キロ。それだけの距離をほぼずっとゴロンとしていることになるから、寝過ぎで腰が痛くなったり。

バスで旅をしていると、気になるのがその発着時間だ。乗り遅れるわけにいかないから、タイムテーブルを終始チェックするような日々となる。これまで利用したバスは、次の二つのパターンのいずれかだった。朝出発してその日の午後には到着する昼行便。そして、夜出発して翌朝に到着する夜行便。

どちらかと言えば、昼行便の方が好みである。やはり、景色が見られるかどうかは大きい。窓に流れる南国らしい異国の風景に目を細める瞬間こそが、旅の醍醐味である。

寝て起きたら目的地に着いている夜行便は移動効率こそ高いものの、いささか情緒に欠ける。外は真っ暗なのである。宿代の節約にはなるが、ベトナムは宿泊費が破格に安いのでそれほどメリットはないと感じた。

長距離バスの発着時間というのは、国によってなんとなく傾向みたいなものがある。たとえば、エチオピアなどは極端な例と言えるだろうか。どのバスもやたらと出発時間が早いのだ。朝の4時とか5時とか。まだ夜も明けきらないうちに、バスターミナルまで行かなければならないのは、なかなかしんどい。

その点、ベトナムのバスは無理のないスケジュールが組まれている。昼行便だと最も多いのが朝8時前後発、早くてもせいぜい7時半発である。ホテルの朝食が6時半〜なので、少し早めに起きて急いで食べればギリギリ間に合う。

到着時間も絶妙で、夕方には目的地に辿り着く。早すぎず、遅すぎずでちょうどいいのだ。何より、どんなに遅くても日没前には着くところが素晴らしい。

これは旅するうえで、とくに重要なポイントだろう。初めて訪問する街では、できれば明るいうちに到着し、宿に荷物を置きたい。暗くなってからだと道に迷いやすいし、場所によっては治安上の懸念も生じる。

いまでも忘れられない、トラウマになっているエピソードがある。世界一周の途中で、ルサカに到着したときのことだ。ルサカというのはザンビアの首都で、ザンビアはアフリカ中南部の国である。そのとき、僕は隣国のタンザニアから列車で国境を越え、ザンビア入国後にバスへ乗り換えルサカに向かった。

アフリカの都市部はどこもそうだが、夜は危険度が高い。目抜き通りですら昼間の往来が嘘のように静まりかえり、ゴーストタウン化するから、日が落ちる前に必ず宿に帰り、夜間は一切の外出を控えるのが旅行者の鉄則だった。万が一用事があって出かけるとしても、必ずタクシーを使うようにしていた。

ところが、このときはタイミングが悪く、ルサカに到着したときにはすでに夜もだいぶ更けた時間帯だった。右も左も分からない初めての街で、辺りは真っ暗という逆境状態。

しかも、どういうわけかバスターミナルにはタクシーが一台も停まっていなかった。少し待ったが、流しのタクシーがやってくる気配もない。というより、走っている車自体がほとんどいなくて途方に暮れそうになった。そのうちほかの客はどこかへいなくなり、乗ってきたバスも走り去ってしまった。

いつまでもそこへいても埒が明かない。意を決して、歩き出すことにしたのだが――そこからが恐怖の時間だった。重たいバックパックを背負いながら、街灯の少ない夜道を足早に宿へ向かう。道が分からなくて行ったり来たり。暗闇からすっと人影が出てくるたびに、心臓が止まりそうなほどドキリとさせられた。

宿は予約をしていなかったから、満室だったら露頭に迷ってしまう。幸い、無事に辿り着き、部屋も確保できたのだが、あのときは生きた心地がしなかったなあ。

ベトナムのバスの話題からアフリカに飛んだ。いまなら地図アプリでナビをしたり、ホテル予約アプリで直前でも宿に予約を入れられる。

まあ、スマホなんて便利なものはなかった時代の話だ。そういえば、ベトナムのバスはWi-Fi完備である。バスのフロントガラスにでかでかと「Wi-Fi」のマークが書かれている。

ところが、どういうわけか一度たりともネットには繋がらなかった。

長距離バスターミナルには空港や駅とはまた違った
哀愁や旅の風情のようなものが漂う

## 54 か 書き直し

新年早々、パソコンの調子が悪い。使っていると、なぜか突然プッツリと電源が落ちるのだ。ACアダプタを繋いだ状態だと大丈夫なので、バッテリー絡みのトラブルを疑っている。とりあえずは電源のあるカフェを探すなどして使っているが、モバイルノートなのにバッテリー駆動ができないのは辛い。

本当に何の前触れもなくいきなり落ちるから、ムキーッとなる。原稿の書き途中で落ちてデータが消えたら最悪なので、文章を入力しながら頻繁に「Ctrl＋S」（ファイル保存のショートカットキーですな）を押すようにしていたのだが——それでもダメだった。

実はこの原稿、書くのは二度目である。最初に書いたものは消えてしまった。いや正確に言えば、たぶん保存自体はされているのだが、ファイルが壊れてしまった。正直、泣きそうである。あまりにも悔しいので、まずは顚末を書かせてください、すみません。

さっきまでいたカフェには電源がなく、仕方なくバッテリーでPCを駆動していた。最初のうちは調子が良く、原稿がほぼ書き上がり、あとは推敲するだけだった。

「今日はなんとか持ちこたえたかな」

と油断したのも束の間だった。突如として画面がブラックアウトした。いつもの症状だ。

「まあでも保存はしてるから」

と電源を再度投入し、ファイルを開いたらアレッとなった。なんと真っ白。文字データがすべて空白に置き換わっているようだ。対処法はないものかと、ネットで調べたりもしたが、無駄な抵抗だった。原稿はもう戻って来ない。書いた原稿が完全に消えてしまったのは初めての経験だ。あぁ、意気消沈。

ノマドワーキングもいいことばかりではないのかもしれない。少なくとも、事務所などで据え置きのマシンで仕事をしていたら起こりえないトラブルだ。ともあれ、仕方がないので再度書き直すことにして、いまに至っている。以上、ここまでの経緯説明でした。

もう一度同じ事を書く気になれないので、少し話を変えてみるかな。というより、まずはこのパソコンを早急にどうにかしなければならない。あきらめて、新しく買うか。というより、それしか手はないだろう。修理に出すとしても、そのあいだの代替機は必要だし。無駄な出費は痛いが、原稿が消えるマシンを使い続けるよりはマシだ。

それで、久々にパソコンを物色してみたのだけれど、いやはや驚いた。ずいぶんお安くなっているのね。小型軽量でモバイルに特化したノートと言えば割高なイメージがあったのだが、そうでもないらしい。近頃はタブレットが主流となり、旧来のノート（クラムシェル型とかいうのかな）はあまり話題に上らないから、いまさら気がついたのだった。

調べてみると、1キロを切る軽さで、（カタログスペック上は）10時間以上もバッテリーが持つ製品でも、3万円前後で売られていることが分かった。レビューを見ると、実際のサイズ感はMacBook Airと同等、みたいなことが書かれている。もちろん、ＣＰＵなどのスペックはそこそこなのだけれど、ＭＢＡや現在使っているVAIO Proとの価格差を考えれば不満はない。こんな値段で利益が出るのか、心配になるほど安い。

具体的な製品名を記すのは控えるが、主に台湾メーカーの製品である。このジャンルでコスパを追求するなら、いまは台湾メーカーの独壇場になってしまうようだ。

そういえば、一昔前に流行ったネットブックも火付け役は台湾メーカーだったなあ。あれも当時旅先でよく見かけた。小さくて持ち運びしやすいガジェットは、旅好きの琴線に触れる。ただネットブックは安さを追求するあまり、性能面での妥協が目立った。最近の格安モバイルノートは、ネットブックとは比べものにならないほどまともなようだ。

台湾の話になったついでに書くと、依然として台湾旅行が根強い人気らしい。JATA（日本旅行業協会）によると、この年末年始の海外旅行で、行き先ランキングの1位が台湾だったそうだ。昨年の2位から、遂にはハワイを抜いてのランクアップ。円安や不穏な世界情勢など、海外旅行自体に強い逆風が吹く中で、その躍進ぶりが光る。

台湾はいわゆる安近短（安くて、近くて、短い）の要素を満たす旅先であることに加え、治安の良さも特筆すべきレベルである。よく言われるように親日的なので、日本人としては居心地はすこぶるいい。僕自身もすっかりハマってしまい、昨年は5回も訪問した。台湾だけで1冊、本を書いたりもした。すっかりリピーターという感じなのだが、今年も1月から早々に台湾へ渡航予定である。

暮れにLCCのセールをチェックしていたら、台湾路線があまりにも安かったので衝動的にポチってしまったのだ。往復で1万円もしなかった。ここ数年でＬＣＣの台湾路線が爆発的に増加したことも、リピーター化を後押ししている。気軽に行けるのは本当にありがたい。

「だって、安かったから……」

とくに目的はないのだけれど、なんとなくフライトの予約を入れてしまう。行ったら行ったで楽しいし、美味しいものにもありつけるから、どんどんその魅力の虜になっていく。もちろん、安ければなんでもいいわけではない。どことは言わない（言えない）が、どんなに安くても行く気になれないデスティネーションもある。きっかけは値段だったとしても、あくまでも台湾だからこそ何度でも訪れたいと思えるのだろう。

これは前述した格安パソコンの話とも似ているかもしれない。ただ単に高いか安いかではなく、内容を見極めたうえで価格メリットが感じられるかどうかが重要だ。やはり、意識すべきはコストパフォーマンスなのだ。

偶然というか、必然というか、今回のお題は「か」であった。ならば、タイトルは「書き直し」とするしかないだろうなあ。当初の原稿では別のテーマだったのだけれど……。

台湾のIT系展示会「COMPUTEX TAIPEI」は旅気分で楽しめる。
ガジェット好きにオススメ

# 春節

沖縄に来ている。今回は旅行ではなく、短期で部屋を借り、一時的に移り住んでいる。元々旅先として沖縄は日本国内でもとくにお気に入りで、頻繁に訪れていたのだが、生活者として向き合ってみると、まだまだ新たな発見もたくさんあって毎日飽きない。

たとえば那覇で暮らしていて感じるのは、外国人がやたらと多いなあということ。とくに目立つのは中華系の人たちだ。台湾やら香港やら。大陸本土から来たと思しき中国人も目にする。国際通りを歩いていると、そういった中華系の観光客ばかりで、あとは修学旅行生ぐらいしか見かけない。日本人のツアー客などは明らかに少数派といった感じだ。

訪日客の激増化現象は、東京や大阪といった都市部だけでなく地方都市にも及んでいる。沖縄も例外ではないのだろう。いや、むしろ影響が顕著な地域の一つと言えるかもしれない。那覇空港にはＬＣＣ専用ターミナルがあり、国際線も飛んでいる。たとえば台北から那覇までは、わずか1時間のフライトである。僕もつい先日、那覇から台湾へ行ってきたのだが、本当にあっという間だった。台湾の人たちにとってみれば、沖縄は東京や大阪などよりも遥かに手軽に行ける日本なのだ。

かつて国際通りのランドマーク的存在だったオーパは、いつの間にかドン・キホーテに変わっている。土産物屋には琉球グラスやちんすこうに混じってガンプラが売られており、看板には中国語の漢字が躍る。目を輝かせて爆買いをする彼らを尻目に、あえて外国人観光客が来なさそうな、よりローカルな路地を散策するのが我が日課となっている。

訪日客を相手に商売をしている人たちにとっては千載一遇の商機である一方で、日本人の国内旅行者が割を食っている現実もある。この前、友人が那覇へ遊びに来ることになり、ホテルを予約しようとしたら、空室が全然なくて驚いた。本当にびっくりするぐらい空いていない。空きがある宿でも、相場を無視したような金額で泊まる気になれなかった。

「まだ1ヵ月以上も先なのに……」

おかしいなあと訝り、理由を調べてみたら腑に落ちた。その時期がちょうど春節の期間とバッティングしていたのだ。中華圏の大型連休であるこの時期は、いつも以上に旅行者が増える。需要と供給のバランスが崩れ、普段は数千円で泊まれるビジネスホテルですら数万円に跳ね上がってしまうわけだ。

春節の時期に中華圏の国々を旅するのは、覚悟が必要だった。どこへ行っても混んでいるし、行き先によっては飛行機や列車の座席を確保するのも至難の業となるからだ。僕自身は楽観的なタイプなので、華々しいお祭りムードが味わえるからと、あえてこの時期を狙って中華圏を旅したりもしたのだが……。

遂には中華圏ではない我が日本国内を旅するにも、春節を意識せざるを得ない状況になってしまった。この時期に国内旅行をするのならば、中華系の旅行者がまだあまり来なさそうな場所を狙う方が賢明かもしれない。といっても、そういう場所もどんどん減っている。「中国人に会わない日本旅行」などというテーマのガイドブックがあったなら、少なからず売れそうな気もするなあ。

個人的には、中華系の観光客に関してとやかく言うつもりはない。僕も旅行者として彼らの母国を何度も旅させてもらっているからだ。たぶん色々と迷惑もかけているだろうし、お互いさまだと割り切っている。けれど、世の中には快く思っていない人もいるようだ。

「うちは中国人はお断りしています」

以前に取材をした某ホテルのマネージャーさんがそんなことを言っていた。当初は国籍に分け隔てなく受け入れていたのだが、あまりにもクレームが多かったため、ほぼ日本人限定に方針を変えたのだという。中国人といっても色んな人たちがいるわけだし、一概には語れないのだけれど、ホテル側としては状況に鑑みたうえでの苦肉の策なのだろう。

台北から乗った那覇行きのフライトは満席だった。早くも春節がらみの訪日ラッシュが始まっているのだろう。つい先ほども、那覇市内でランチをしに入ったラーメン屋さんでずいぶん待たされた。店の外に行列ができており、入口で名前を書くのだが、見ると外国人と思しき名前ばかりでむむむと戸惑った。

海外旅行だけでなく、国内旅行も積極的にするという旅人にとっては、なんだか複雑な時代になってきた。日本的な和の風情を求めて旅をしたら、中国へやってきたような錯覚に陥ったりする。円安だからと、海外旅行ではなく国内旅行を選択したらむしろ割高だった、なんて事態も普通に起こり得る。

無論、悪いことばかりではない。訪日客を当て込んで新設されたＬＣＣ路線で、逆に海外へ行ってみたり。日本人には知られていないが、外国人に人気の日本の観光地を巡ってみる、なんてのもおもしろいだろう。旅を取り巻く環境が変化したとしても、自分なりに上手く工夫しつつ楽しみたいところだ。

那覇の国際通り。沖縄旅行の定番スポットだが、住んでみると意外と行く機会が少ない

56 つ

# 通貨

台北の桃園国際空港から市内へ出るのに、バスに乗ろうとしたときのことだ。この路線は國光客運を利用することが多い。窓口に並び、運賃の１２５台湾ドルを支払おうとしたら、スタッフの女性が怪訝な顔を浮かべた。

「ディファレント」

そう言って、僕が渡した１００台湾ドル紙幣を突き返してくる。はて？　と首を傾げながらそれを確認してハッとなった。お札の色こそ同じ赤系統ながら、描かれている絵柄は毛沢東の肖像画だった。そう、１００台湾ドル札だと思って差し出したその紙幣は、１００人民元札だったのだ。台湾ではなく、中国の通貨だったというオチである。なるほど、それは確かにディファレントであるなあ。

なんでそんなことになったのか。心当たりはあるようでなかったりする。あちこち旅しているうちに、各国の通貨がごちゃまぜになってしまっているのだ。

ほかにもそういえば、この前ウィンドブレーカーのポケットから見慣れないデザインの紙幣がでてきた。パッと見ただけではどこの国の通貨なのかわからなかったが、書かれている文字などをじっくり観察するとキルギスのお札だと判明した。キルギスか……訪れたのはもう何年も前だが、そのときポケットに入れたままになっていたらしい。

近頃はますますズボラになってきたなあと自覚している。以前は普段使いのものとは別に、旅行専用の財布を用意していた。財布の中で日本円と旅先の通貨が混在すると、支払いの度に混乱するからだ。それに財布の中には保険証やら免許証やら、ついでに言えば各種ポイントカードやらも入っている。それらは外国では明らかに出番がないので、わざわざ持っていっても無駄にかさばってしまう。

海外旅行の際にはクレジットカードなどを旅行専用財布へ移し替え、普段使いの財布は日本の自宅に置いていくようにするとスマートなのだが――。

いちいち入れ替えるのも面倒になってしまった。普段使いの財布のままで海外へ行って、旅先の通貨が余るとそのまま、ということが増えている。その結果、冒頭で書いたような珍事件が発生してしまったわけだ。

でも、よくよく考えたら100台湾ドルよりも100人民元の方が高価である。ざっくり計算して5倍ぐらい。もらった方が得をするわけだから、国や相手によっては、黙ってシレッと受け取る人もいるだろうなあ。

外国を旅していると、あの手この手でお金を巻き上げようとする輩に遭遇するものだが、そうではなく、自ら率先してぼられにいくようなパターンも案外多い。僕だけだろうか。

たとえば、真っ先に思い出すのがバリ島でのエピソードだ。タクシーの支払いの際にやらかしてしまった。正確な金額は忘れたが、2万ルピアのところを間違って20万ルピアも支払ってしまった、みたいな失敗である。

インドネシアの通貨はやたらと桁が多く、慣れていないと間違えやすい。そのときは夜で暗かったのと、お酒を飲んで酔っ払っていたせいもありウッカリしていた。クルマを降りてしばらくしてから気がついたが、もはや後の祭りである。運転手は当然わかっていたはずだが……まあ、バリ島は超が付くほどの観光地だから仕方ないか。というより、悪いのはあくまでも自分なのだけれど。

世界の国々の中には、通貨の桁が唖然とするほど多いところが結構あって、旅行者泣かせだったりする。僕がこれまでに訪れた国の中で最も多かったのは、アフリカのジンバブエだ。経済が破綻し、10億ジンバブエドル札や100兆ジンバブエドル札といった、あり得ない桁数の紙幣が流通する同国の「ハイパーインフレ」は、一時期日本でも話題になった。

実際にジンバブエを旅していると、突っ込みどころが満載だった。100米ドルも両替しようものなら、数百枚の単位でジンバブエドルが札束になって帰ってきた。財布には入らないので、買い物へ出かけるときは山盛りの札束をスーパーのビニール袋に入れて持ち歩いていた。ジョークのようだが、同国の経済状況からすると笑えない話だったりもする（ジンバブエドルは現在は廃止されている）。

まあ、ジンバブエは極端な例ではある。ほかにもアジアなら、ベトナムの通貨ドンなども桁が多い。1米ドルがだいたい2万〜2万2000ドンぐらい。ベトナムへは最近よく行くのだが、到着して最初にATMでお金を下ろすときにはいつも緊張する。いち、じゅう、ひゃく、せん、まん……とゼロを慎重に数えつつ金額を入力するのも恒例である。

実はいまちょうどベトナムの長編旅行記を書いている。その本の中で値段交渉をした話などがしばしば出てくるのだが、メモを見ると30万とか１００万とか、そういう感じでやはりとても桁数が多くて、記憶を辿っているだけでももう頭が混乱してくるのだった。

両替屋をよく目にしたのがカザフスタンのアルマトイ。看板にレートが掲示されていた

長期滞在していた沖縄から東京へ戻ってきて、おやっと驚いたのが東京の天気の良さだった。というより、沖縄のあまりの天気の悪さに辟易としていた、と言った方が正しいかもしれない。

沖縄と言えば常夏の陽射しが降り注ぐイメージだが、実は晴天率が全国一低いのだといぅ。とくに冬の時期は天候が安定せず、曇りがちな日々が続く。先月は宮古島に滞在していたのだが、絶望的なまでに晴れ間が望めなかった。曇り空がデフォルトという感じで、毎日本当にどんよりしていた。島に1ヵ月いて、青い空が見られたのはわずかに数日だけ、といったありさま。

やはり長くいると、短期の旅行だけでは気がつかない部分にも目が行く。これだけ天気が悪いにもかかわらず、沖縄の人たちがあまり傘を持ち歩かないことにもカルチャーショックを受けた。たとえ雨が降っていたとしても、傘をさしている人が極端に少ない。

「なぜだろう、濡れてしまうのに……」

最初のうちこそ不思議に思ったが、自分も暮らしてみて納得がいった。理由は風である。強風がビュービュー吹き付けるから、傘なんてさしてはいられないのだ。安物のビニール傘なんて、開いて5分もしないうちに裏返しになって骨が折れてしまう。やがて馬鹿らしくなり、僕も持ち歩くのをやめた。

よくよく考えたら、海外旅行の際にも傘はあまりささないかもしれない。いちおう持っては行くのだけれど、意外と出番が少ないアイテムの筆頭と言える。なぜだろうかと思案すると、思い当たる理由はいくつもある。

行き先にもよるだろうが、僕がよく行くアジアの街を例に挙げると、現地の人たちがそもそも傘をさしていない。というより、持ち歩く習慣自体がなさそうにも見える。郷に入っては郷に従えで、僕もそういった街へ行くとつい傘の存在を失念してしまうのだ。よく沖縄はアジアっぽいと言われるが、積極的には傘をささないライフスタイルからも、アジアらしい要素が垣間見えるのだった。

日本のように、建物の入口などにいちいち傘立てが置かれていない国も多い。これはまあ盗難のリスクも考慮してのことなのだろうけれど。傘立てがないと、室内では雨に濡れた状態の傘を常に持って歩く必要が生じる。これが案外面倒くさいので、ならば持っていかない方がスマートだったりもする。

旅行中の雨具としては、傘よりも防水のレインコートのほうが使い勝手がいい。できればゴアテックスの上下で、フード付きだとベストだ。いざというときには傘がなくても、これを着ればなんとかなる。田舎へ行ったり、山歩きをする際にはとくに役に立つ。

東南アジアのたとえばバンコクなどを雨季に訪れると、必ずといっていいほど夕立に見舞われる。いわゆるスコールというやつで、雨足が激しすぎて、傘なんかさしたとしてもずぶ濡れになってしまう。

より有効なのは雨宿りだ。傘なんかに頼らずに、屋根のある場所へ一刻も早く避難した方がいい。それこそ降り始めてからでは遅いので、雲の動きや風の強さから「そろそろ来るな」と先読みして行動する技術が求められる。

現地の人たちは慣れたもので、動きが迅速だ。屋台などは降りそうな気配がした途端、瞬く間に店じまいを始めたりして、いつもしみじみ感心させられる。

雨宿りをする場合のデメリットは、そのぶん時間が無駄になること。けれど、現地の人たちはそんなことを気にしていそうな雰囲気でもない。ただひたすらのんびり止むのを待つ。泰然自若としており、焦っても何もいいことはないとでも言いたげだ。

これが日本だったら、時間がないから傘をさしてでも先へ進もうとする。あるいは、さらに急いでいるときはタクシーを拾ったりもする。遅れてはいけない約束があったりして仕方ないのだが、なんだか釈然としない。

アジアの人たちはある意味、達観している。

「雨だから仕方ないよね」

で済まされてしまう社会の方がストレスは少なそうだなあと、つい遠い目になる。

# 真田幸村

初めての海外旅行が世界一周だったわけだが、そういえば国内旅行のデビュー戦はいつだったのだろうかとフト気になった。

というわけで、改めて記憶を繙《ひもと》いてみる。子どもの頃に親に連れられて出かけた旅や、学校の修学旅行はまず除外した方がいいだろう。あくまでも自主的に志した旅に限定したい。さらには自分で稼いだ金で実現した旅という条件も設定してみる。すると、いよいよ絞り込まれた。高校生のときに、バイト先の同僚と出かけた小旅行である。かれこれもう20年以上も前の話になる。

あれは目的がはっきりした旅だった。行き先は長野県の上田市。ずばり、真田巡りの旅である。真田というのは、戦国の名将・真田幸村（信繁）のことだ。ちょうどいまＮＨＫ

で『真田丸』が放映中だが、まさに大河ドラマの主人公がその人である。上田市は真田氏の居城があったところで、周辺にはゆかりのスポットが点在している。それらを見て回るのが、その旅の目的だったというわけだ。

いまにして思えば、高校生にしてはいささか地味というか、おじさんくさいテーマだよなあと正直思う。歴史好きが高じて思い立った旅だった。当時の僕は戦国時代にドハマリしていたのだ。学校の図書館で時代小説を借りてきては、それを読みながら通学電車に揺られるのが日課になっていた。

中でも好きだったのが池波正太郎の『真田太平記』である。幸村は関ヶ原の合戦で西軍に属し、大坂の陣で華々しい最期を飾った。夏の陣では敗戦濃厚な中でも一歩も引かず猛攻を続け、徳川家康の本陣まであと少しのところまで迫った。その獅子奮迅ぶりから「日本一の兵（ひのもといちのつわもの）」と讃えられることになる。

戦国時代のエピソードというのはいずれも男子的なロマンに溢れているが、幸村の武勇伝は僕にとって別格で、すっかり魅了されてしまった。なにせ、バイトして稼いだ金でゆかりの地巡りまでしているぐらいだ。当時は単車を乗り回してもいたのだが、我が愛車に六文銭のマークをあしらうほどの熱の入れようだった。六文銭は真田家の家紋である。

いまにして思えば、なんて痛い行動なのだろうと呆れるが、高校を卒業した後も熱は冷めなかった。大学時代はＤＪ活動に力を注いでいた。授業が終わると渋谷へレコードを買いに行き、夜はクラブで踊り明かす日々。これはさらに恥ずかしいのだが、この際もう開き直って書いてしまうと、そのときのＤＪネームが「DJ SAEMON」だった。真田幸村の官位である「左衛門佐《さえもんのすけ》」から取ったものである。

ほかにも、戦国時代をテーマにした某シミュレーションゲームがらみのエピソードもたっぷりあるのだが……、それはまあ話がかなり長くなるのでまた別の機会にしたい。

普段はまったくテレビを観ない生活をしているが、『真田丸』だけは毎回欠かさずチェックしている。ナスネ（ソニーのネットワークレコーダーですね）を導入して、どこかへ旅行中であってもほぼリアルタイムで視聴できる体勢を整えたほどである。

史実に忠実でありながらも、予定調和ではなくドラマチックな展開でハラハラさせられる。自分の場合、予備知識がありすぎて楽しめないのではないかと懸念していたが、それも杞憂に終わった。きっと脚本がいいのだろうなあ。

大河ドラマの影響で、旅行界ではいま真田巡りがブームになっているのだという。書店へ行くと、そのためのガイドブックまで販売されているほどだ。せっかくなので購入してみたら、想像した以上に内容も厚くて感心させられた。自分も昔、三国志の武将スポットを巡る旅のガイドブックを作ったことがある。めちゃくちゃ大変だったけれど、あれほど生き生きと取り組めた仕事はなかなかない。

そういえば先日、僕の周りの旅友だちの中でも、さっそく真田巡りと称して上田詣でをしている者がいた。日頃から海外旅行へせっせと出かけるタイプなのだが、そういう旅人でさえも足を運びたくなる要素があるのだろう。いまでは東京から上田まで新幹線が開通しているから、楽に行けるようになった。

実は7年前にも僕は上田を訪れていた。『サマーウォーズ』というアニメの舞台になり、その聖地巡礼が盛んだった頃だ（同作品中にも真田がらみのエピソードが少し出てくる）。秋真っ盛りで紅葉が美しい季節だった。探してみると、そのときの写真が見つかった。燃えるような真っ赤なモミジをバックに真田の赤備えに扮して写っていた。相変わらず行動が痛々しいのだが、高校生の頃から大して成長していないのであった。

# ラルー

今年もビールの美味しい季節がやってきた。これを書いているいまは夕方の4時過ぎなのだが、これぐらいの時間帯になるともうソワソワして仕事が手につかなくなる。今晩もキリッと冷えた一杯をグビッとしたい。

年に1回、長編の新作旅行記を書き下ろして刊行するのが恒例化している。自分としては冷たいビールに加え、これまたこの時期ならではのお約束と言える。かれこれもう5年目になるのだが、今年のテーマは「ベトナム縦断」だ。ハノイからスタートして、フエ、ホイアン、ニャチャン、ダラット、ホーチミンと南下していった。距離にするとだいたい1800キロぐらい。10年以上前にも一度、僕はベトナムを縦断している。当時より道やバスのクオリティはグッと良くなっているのだが、それでもやはり陸路の旅はそれなりに時間がかかる。道中は珍エピソードもたっぷりで、それらを一冊にまとめたというわけだ。

ベトナムへは比較的よく訪れているが、いつもはハノイやホーチミンを単純往復するだけである。陸路縦断というじっくり型の旅だからこそ、普段の短期旅行では気がつかないような発見も色々あった。たとえば、地域ごとに飲まれているビールの銘柄が結構違う、というのはその一つだ。移動続きの旅の中で、毎晩のように違う街で夕食を取ったが、毎晩のように違う種類のビールで乾杯した。ご当地ビールが幅を効かせているのだ。

ベトナムのビールと言えば、「333」と書いて「バーバーバー」と読む銘柄が恐らく最も有名だろう。日本でベトナム料理屋へ行くと、大概は333が出てくる。ところが、現地を旅していると333を飲む機会はそれほど多くない。店によっては置いていないことも普通にある。代わりに出てくるのがローカルブランドのビールというわけだ。

ベトナムのビールは、その地の地名を冠したものが多い。「ビア・ハノイ」や「サイゴン・ビア」など、そのものズバリといった感じのネーミングで愛着が湧く。フエで飲んだのは「フダ」というビールだった。フエ、そしてフダ。同じではないが、これまた微妙に似ている。フエではフダ以外に「フェスティバ」という銘柄も見かけたが、名前的にはフダの方が覚えやすくていい。

個人的に最も印象に残っているのは、「ラルー」というビールだ。中部の大都市ダナンを代表する銘柄なのだが、僕は今回初めて飲んだ。ラベルのデザインがどこかで見たような絵柄で、初めて目にしたときにはハッとなった。青地に虎が描かれている。アジア好きならば一目見て連想するだろう。実は、シンガポールのタイガービールに似ているのだ。

1800キロを縦断する今回の旅で、ハイライトとなったのはホイアンだった。かつて日本人街があった古い街並みが残り、世界遺産にも登録されている。ダナンからは目と鼻の先の距離に位置するため、旅行者からしてみれば、ダナンとホイアンはほとんど同一のエリアと言えるのだが、ホイアンでもビールというとラルー一色という感じだった。街のあちこちで、特徴的な虎マークのロゴを見かけた。ホイアンでは南国らしい強い陽射しが照りつけ、とにかく暑かったから、このロゴを目にしただけでもうソワソワしてしまった。

名前に地名を冠していない点は、ほかのベトナムの地ビールと一味違う。なぜ「ビア・ダナン」ではなく、「ラルー」なのか。調べてみると、どうやらフランス人のラルーさんが作ったからなのだと分かった。地名ではなく、人名が由来なのだ。もしかしたらベトナム語で「虎」を意味するのかしら……などと密かに想像していたのだが、まったくの見当違いであった。ベトナム語どころか、フランス語ではないか。

ラルーのラベルには、「１９０９」と西暦を表す数字が表示されている。１００年以上もの長い歴史を持つビールらしい。ところが東京に在住する知人のベトナム人にこの「ラルー」について訊いてみたら、なんと知らないという。彼はハノイの出身である。同じ国でも、地域が違うと飲むビールも異なるようだ。

東南アジアの国々はどこもビールが美味しいが、ベトナムほど種類が多様な国は珍しい。いままでノーマークだったが、実はご当地ビール大国と知り改めて興味が募った。というわけで、書いているうちにますますソワソワしてきたので、今回はこのへんで。

## ルートビア

パプアニューギニアへ来ている。秘境のイメージが強い同国だが、成田から直行便が出ており案外近いなあという感想だ。ただ、今回は首都ポートモレスビーから国内線に乗り継ぎ、ニューブリテン島という離島へ飛んだ。さらには空港から1時間以上陸路で移動してようやく辿り着いた、キンベという街に滞在している。さすがにここまで来ると、ずいぶん遠いところまでやってきたなあという手応えを覚える。

初めて訪れる国は発見が多くて飽きない。今日は朝からダウンタウンのマーケットを散策し、その後プランテーションを見学しつつ、ホットリバーに浸かってきた。40度ぐらいの高温の水が流れる川があって、さながら天然の温泉のようになっている。火山島なのだ。

そこまで行く道はとにかく悪路で、久々にクルマに乗っているだけで疲れた。お昼過ぎに宿に戻ってきて、ランチを食べたら眠気に襲われた。気温は高く、湿度もたっぷりだが、コテージのまわりに生い茂る南国の植物が目に優しく、海風が心地良い。誘われるまま惰眠を貪り、目を覚ましてヨロヨロと起きてきて、いまコレを書いている。

隣の席では、オージーのカップルがビール片手に談笑していて、ほんの少し羨ましい。最近はずっとそうだが、今回も一人旅だ。立地的に近距離のせいか、パプアニューギニアでは旅行者と言えばオージーが大多数を占めるようだ。

一方で、日本人旅行者も意外といることに驚かされる。キンベは知る人ぞ知るダイビングのメッカだそうで、多くは海を目的とした旅行者たちだ。よくもまあこんな辺鄙なところまで……と感心させられるのだが、お互い様だろうなあ。

いま泊まっている宿にも日本人がいて、食事などでしばしばご一緒させていただいている。こういう辺境の地で出会う日本人の旅人は、いい意味でどこか突き抜けたようなタイプが多い。たとえば、「どちらからいらしてるんですか？」などという当たり障りのない、お決まりの質問をぶつけただけでもう、型破りな答えが返ってきてオヤッとなったりする。

「家は福岡なんだけど、いまは沖縄に仮住まいしているんです」

見たところ、僕より一回り以上は年上と思しき男性はそう答えた。

「おおっ！　沖縄、ですか！」

と、僕はつい前のめりで反応してしまう。旅好きには沖縄好きが少なくないが、移住までしてしまうからにはきっとよほどのフリークに違いない。まさかこんなところまで来て沖縄の人に出会うとは……。

少し前にも書いたが、僕も今年の冬はしばらく沖縄に滞在していたのだ。那覇に2ヵ月、宮古島に1ヵ月。束の間ではあるものの、一家全員でのプチ移住だったから、いつもの沖縄旅行とはまったく違った密度の濃い日々を送ることになった。これまでの人生を振り返ってみても、1年半をかけて世界一周したとき以来のインパクトの大きな体験だった。

「沖縄は意外と天気が悪いんですよね。とくに冬は晴れの日がホント少なくて……」

「そうそう、風が強くてびっくりですわ」

沖縄トークに花を咲かせるうちに、懐かしい気持ちに駆られてしまった。居酒屋で聞いた三線の音色が頭の中でリフレインし、真っ青な海の映像が再生される。いまいる宿のテラスからは目前に大海原が広がっているのだが、私見では沖縄の海の方が綺麗ではないかと思える。さらにはナントカカントカしましょうね、という沖縄方言（します、の意）や、ほとんど毎日のように食卓に上がったハンダマという沖縄野菜のことなど、次々と沖縄の思い出が蘇ってくる。

「ああ、ルートビアが飲みたいなあ」

沖縄について考え出すと、遂にはそんな欲求に駆られてしまうのもいつものことだ。沖縄滞在中、僕は隙を見つけてはA&Wへ通っていた。米国発のファストフードチェーン店だが、他県ではまったく見かけないし、個人的には沖縄ローカルのファストフードという認識でいたりもする。沖縄の人たちは「エンダー」と略すのだとも聞いた。

ともあれ、そのA&Wの名物と言える炭酸飲料が「ルートビア」である。ビアとあるが、ビールではなくソフトドリンクなのでアルコールは入っていない。賛否両論別れがちな飲み物であり、人によっては薬品のような味がして苦手という声もよく耳にするが、僕はこれが大好物なのである。

沖縄ではコンビニやスーパーでも缶に入ったルートビアが売られている。けれど、缶よりも、A&Wの実店舗へ行って味わう方がやはりずっと美味い。缶ビールと、店で飲む生ビールの違いのようなものである。ソフトドリンクなのに、店ではビールジョッキのような大ぶりなグラスで出てくる。

何より嬉しいのが、A&Wではルートビアは飲み放題となっていることだ。グビグビ飲んで空になったグラスをカウンターへ持っていくと、継ぎ足してくれる。幹線道路に面した店舗だとドライブインを併設していたりもするが、クルマで通りかかった場合でもなるべく入店して飲むようにしている。ドライブインだとお代わりができないからだ。その日の気分によってはアイスクリームが乗ったルートビア・フロートを頼んだりもする。これまた至高の味わいである。フロートの場合でも、もちろんお代わりは可能だ。

書いているうちに、飲みたい欲求が抑えられなくなってきたが、なにせパプアニューギニアである。ルートビアなんてあるわけもなく、とりあえずいまバーカウンターでコーラを頼んでそれで我慢することにしたのだった。

本企画はこれでいったんおしまい。「しりとり」という決まり事だけを設けて、あとは好き勝手に書いてきた。もしかしたら、そのうち気まぐれで再開するかもしれないので、最後はとりあえず「あ」に戻しておきましょうね。ではまた!

最後なので笑顔の写真でも載せておこうかなと。
パプアニューギニアで撮った1枚

# あとがき

好都合なことにちょうど「あ」で終わっていたので、「あとがき」を兼ねて中断していた「しりとり」を再開したい。

最後の「パプアニューギニア」の原稿を書いたのが、2016年7月のことだった。

「あれからもう3年以上も経ったのか……」

と、感慨に浸りながら原稿を通して読み返し、いまこうして筆を執っている。

まずは本書の成り立ちについて補足が必要だろう。

改めて説明すると、この本は「tabinote（たびのて）」という旅行系ウェブサービスの会員向けメルマガで連載していた原稿をまとめたものである。

「しりとりで旅する」というのが当時の連載タイトルだった。旅に関連するキーワードをしりとりの形で毎回一つ取り上げてエッセイに綴っていくという、我ながらなんとも酔狂な試みであった。しりとりであること以外にはとくに縛りはなく、自由気ままに書かせてもらっていたが、しりとりにするのが意外と大変で、毎回四苦八苦しながらキーワードを決めていたのを覚えている。

読んでいただくとご理解いただけると思うが、しりとり形式とはいえ、内容としては日記に近い。そのときどきの旅のエピソードや、興味を持っていたテーマなど、タイムリーな話題が中心だからだ。連載自体は2013年6月から約3年間続いた。つまり、本書で綴られているのはその期間の話ということになる。

書籍化するにあたっては、原稿をどの程度加筆修正するべきか迷ったのも正直なところだった。たとえばNHKの大河ドラマや消費税増税など、時事的なトピックスもしばしば出てくる。ところどころ注釈のようなものを入れようか考えたが、そうすると文章のリズムが崩れてしまい、エッセイとして読みにくいものになってしまう。

結局、執筆当時の雰囲気を保つ方向で、無闇に加筆訂正するのは控えた。明らかに辻褄が合わないような表現を除いて、原則執筆当時のまま収録することにしたのだ。

ただし、写真だけはウェブと書籍ではレイアウトが異なるため、一部を除いて今回改めてセレクトしている。同時に、写真に付けたキャプションも書き下ろしである。

全体を通して読み直してみて気がついた点としては、随分と色んな場所で執筆していたのだなあということ。飛行機や新幹線での移動中、あるいはホテルなど、旅行先で書いていることが多い。なんとも落ち着きのない人間だなあと自嘲する一方で、あちこち行ったり来たりしているがゆえに執筆できた1冊でもあるのだと痛感したのだった。

そもそも、なぜ、しりとりなのか——。

アイデアのきっかけは、自分が旅を始めた頃にまで遡る。新婚旅行で世界一周したときのことだ。列車やバスに乗り続けるバックパッカー・スタイルの旅では、陸路の移動はとにかく時間がかかった。町から町まで十数時間の移動なんてザラで、中には36時間も乗りっぱなしなんてこともあった。暇をつぶすために読書をしたり、ゲームをしたりとあれこれ工夫したことは言うまでもないが、それでも時間を持て余すほど。

そんな中で、同行者の妻とたまに行っていたのがしりとりだったのだ。

「しりとりでもしようよ」

「いいね、そうしたら世界の地名でしりとりは？」

みたいな軽いノリで始めたのだが、これが案外楽しかった。地名のほかにも、たとえば世界の食べ物しりとりとか、世界の人名しりとりなんてのもした気がする。

いまにして振り返れば、暇人だったのだなあと呆れる気持ちもある。けれど、こうして1冊の本の企画になったのだと思えば、あれもまた無駄な時間ではなかったとも言える。

しりとりなので、自然と頻出する文字も出てくる。全60回を計上してみると、一番多いのが「い」で、4回も登場していた。その一方で、きっと多いだろうなあと想像していた「あ」などは意外なことに2回しか出番がない。この「あとがき」を加えても3回なので、「い」の4回には及ばないわけだ。

こうして「あとがき」を書いたので、次は「き」から始まる言葉になる。次があるなら……だけれど。まあ、しりとりだし、最後が「ん」にならない限りは続く可能性もあるよね、ということで。

２０１９年11月22日　先日たまたま「あ」の奄美大島を再訪したり

吉田友和

“読む旅”という愉しみ――〈わたしの旅ブックス〉シリーズ好評既刊

001
テキトーだって旅に出られる!
蔵前仁一
元祖バックパッカーが自らの体験をもとに書き下ろした旅の指南エッセイ。読後、旅に出たくなる一冊。

002
旅がグンと楽になる7つの極意
下川裕治
「海外ひとり旅」を楽しむための目からウロコの旅行術を紹介。シニア世代の新しい旅の方法を伝授。

003
旅ゆけば味わい深し
林望
名エッセイストである著者が、旅先で出会った〝美味〟を自ら撮影した写真と文章で紹介。オールカラー。

004
進化する私の旅スタイル
国井律子
ハーレーで全国を駆け巡りエッセイを綴ってきたクニイが、結婚出産を経て進化した旅のスタイルを語る。

005
ロング・ロング・トレイル
木村東吉
モデルでエッセイスト、アウトドアの達人でもある著者が紡ぐ〝旅とラン〟の軌跡(トレイル)。

011

考える旅人 世界のホテルをめぐって

山口由美

ノンフィクション作家のオピニオンエッセイ集。世界のホテルを旅して考えたことを硬質な文体で綴る。

012

東欧 好きなモノを追いかけて

久保よしみ

東欧雑貨の第一人者による買いつけ旅日記。東欧の20年と人々の暮らしが見えてくる一冊。

013

ダリエン地峡決死行

北澤豊雄

コロンビア・パナマ国境の危険なジャングル地帯の踏破に挑んだ、ある一人の男の冒険ノンフィクション。

014

シニアのための島旅入門

斎藤 潤

日本の有人離島をほぼ踏破した島の達人による「島旅入門書」。豊富な情報と写真が島旅へと誘う一冊。

015

今すぐ出かけたくなる魅惑の鉄道旅

野田 隆

「乗り鉄」のベテランが厳選した今おすすめの40の鉄道旅を紹介。観光列車からローカル線までを網羅。

016
## 心がワクワクして元気が出る！37の旅の物語
西沢泰生
心がちょっと疲れた時に読むと、まるで旅に出た時のような元気がわいてくる、37の物語と18の名言。

017
## まばゆい残像 そこに金子光晴がいた
小林紀晴
金子光晴に導かれて旅をした若き日々の残像を拾い集め、新たな紀行として書き下ろしたフォトエッセイ。

018
## 海外旅行なんて二度と行くかボケ!!
さくら剛
旅嫌いの6流作家が、自らの経験をもとに旅でよくあるトラブルとその対処法を指南する抱腹絶倒の旅行記。

019
## 会いにゆく旅
森まゆみ
大好評『用事のない旅』に続く第二弾。旅での不思議な縁を、味わい深い文章で紡いだ傑作旅紀行文集。

**吉田友和**（よしだ・ともかず）
1976年千葉県生まれ。2005年、初の海外旅行であり新婚旅行も兼ねた世界一周旅行を描いた『世界一周デート』（幻冬舎）でデビュー。その後、超短期旅行の魅力をつづった「週末海外！」シリーズ（情報センター出版局）や「半日旅」シリーズ（ワニブックス）が大きな反響を呼ぶ。現在も精力的に国内外を旅しながら執筆活動を続けている。『3日もあれば海外旅行』（光文社）、『自分を探さない旅』（平凡社）、『めざせプチ秘境！』（KADOKAWA）など著書多数。『ハノイ発夜行バス、南下してホーチミン』（幻冬舎）はTVドラマ化された。

わたしの旅ブックス
020

しりとりっぷ！

2020年4月7日　第1刷発行

**著者**――――――吉田友和

**ブックデザイン**――マツダオフィス
**DTP**――――――角 知洋_sakana studio
**編集**――――――佐々木勇志（産業編集センター）

**発行所**――――――株式会社産業編集センター
〒112-0011
東京都文京区千石4-39-17
TEL 03-5395-6133　FAX 03-5395-5320
http://www.shc.co.jp/book

**印刷・製本**――――株式会社シナノパブリッシングプレス


ISBN978-4-86311-261-2